Maremonto

Martin Krake



Maremonto Reise- und Wanderführer

# Teneriffa

Martin Krake

**Maremonto Reise- und Wanderführer: Teneriffa**

1. Auflage 2014

ISBN: 978-3-9503696-1-8


Zahnradbahnstraße 23/15
1190 Wien, Österreich

Firmenbuchnummer 403707m
beim Handelsgericht Wien

info@maremonto.com
www.maremonto.com

| | | |
|---|---|---|
| Recherche und Text: | | Martin Krake, Wien |
| Beratung: | | Ina Hildebrandt, Teneriffa |
| Alle Fotos von Martin Krake, außer: | | |
| | Seiten 24 und 25: | Loro Parque, S.A. |
| | Seite 31: | Patrik Dietrich/Shutterstock.com |
| | Seite 37: | Philip Lange/Shutterstock.com |
| | Seite 52: | Krivinis/Shutterstock.com |
| | Seite 55 (2 Fotos): | Oscar Manuel Gorostiaga Lopategui |
| | Seite 87 unten: | Phil Crean |
| | Seite 101: | Maridav/Shutterstock.com |
| | Seite 102: | Ivan M. Munoz/Shutterstock.com |
| | Seite 110: | Rafa Pérez |
| | Seite 186: | Tatiana Popova/Shutterstock.com |
| Karten oder Kartendaten: | | © OpenStreetMap und Mitwirkende, CC-BY-SA |
| Druck: | | R12 Spannbauer Ges.m.b.H. & Co KG, Fockygasse 29-31, 1120 Wien |
| Verlags- und Herstellungsort: | | Wien |

| | |
|---|---|
| •••• *top, unbedingt machen!* | *„Pflicht oder nicht“: Das System zur Bewertung der Attraktivität sagt Ihnen auf einen Blick, ob sich der Weg lohnt!* |
| ••• *sollte man erlebt haben* | |
| •• *nette Abwechslung* | |
| • *man versäumt nicht viel* | |



## GPS-Daten

Dieser Reiseführer stellt für alle erwähnten Orte GPS-Daten zur Verfügung. Die Koordinaten sind im Format Grad/Dezimalgrad angegeben. Datenpakete mit Wegpunkten für alle Ziele sowie Tracks zu den Wanderungen können in verschiedenen Dateiformaten kostenlos heruntergeladen werden:

www.maremonto.de/gps/teneriffa.zip

## Die vielfältigste Kanareninsel

Mit einer Fläche von 2034 $km^2$ und einer maximalen Ausdehnung von gut 80 km ist Teneriffa die größte der Kanarischen Inseln. Und in jedem Fall auch die vielfältigste: Hier gibt es gleich drei Gebirge mit völlig unterschiedlichen Landschaften! Daher ist Teneriffa nicht nur ein Ziel für Sonne und Strand, sondern auch eines der besten Wandergebiete Europas. Doch auch für ein weniger sportlich ambitioniertes Ausflugs- und Besichtigungsprogramm gibt es vielfältige Möglichkeiten: In den historischen Städten, die auf 500 Jahre spanische Kolonialgeschichte zurückblicken, und in den fantastischen Berglandschaften, die zu einer Rundfahrt auf aussichtsreichen Straßen einladen.

## Geografie und Landschaft

Teneriffa ist von Bergen und Hängen geprägt, größere flache Bereiche gibt es nicht. Im Zentrum erhebt sich der gewaltige Vulkankegel des Teide. Er ist mit einer Höhe von 3718 Metern nicht nur der höchste Gipfel der Kanaren, sondern sogar des gesamten spanischen Staatsgebietes. Die einzigartige, von 200.000 Jahren vulkanischer Aktivität geprägte Landschaft, die ihn umgibt, ist seit 1954 ein Nationalpark. Ganz andere Eindrücke hält das kleinere Anaga-Gebirge bereit, das den nordöstlichen Abschluss Teneriffas bildet: Hier bedeckt ein üppiger Wald aus Lorbeerbäumen die Hochlagen, ein urtümlicher, nebeldurchwehter Dschungel. Im Teno-Gebirge, das am nordwestlichen Ende der Insel mit bis zu 800 Meter hohen Klippen ins Meer abfällt,

*Teneriffa hat sehr unterschiedliche Landschaften wie die Cañadas del Teide (links oben), das Anaga-Gebirge (links unten) oder das Teno-Gebirge (oben).*

gibt es die tiefsten Schluchten der Kanaren. In allen drei Gebirgen kann man Wandertouren von ganz unterschiedlichem Anspruch unternehmen, die zahlreichen Aussichtspunkte sind aber auch ein schönes Ziel für einen Ausflug mit Auto oder Bus.

## Klima und Wetter

Die Kanarischen Inseln gehören seit über 500 Jahren zu Spanien und werden daher üblicherweise als ein Teil Europas wahrgenommen. Geografisch zählen sie jedoch zu Afrika: Der Archipel ist nicht weit von der Küste des afrikanischen Festlands entfernt und liegt ungefähr auf Höhe der Südgrenze Marokkos. Durch diese subtropische Lage gibt es hier das ganze Jahr über ein warmes, ausgeglichenes Klima mit guten Chancen auf Badewetter sogar zu Weihnachten. Der umgebende Atlantik sorgt andererseits dafür, dass es auch im Sommer in der Regel nicht übermäßig heiß wird. Dadurch sind die Kanaren ein Reiseziel für das ganze Jahr. Die meisten Touristen aus Mitteleuropa bevorzugen jedoch die Monate von Oktober bis April, weil man dann auf unkomplizierte Art dem heimischen Winter entfliehen kann, ohne zu große Hitze befürchten zu müssen.

In diesem Bereich des Atlantiks weht die meiste Zeit über ein beständiger, sanfter Wind aus Richtung Nordost, der Passat. Er treibt feuchte Meeresluft auf die Inseln zu, die an den steilen Nordhängen aufsteigt und dabei Wolken bildet. Daher ist es im Norden und Nordosten Teneriffas viel häufiger bewölkt als im Süden. Meistens werden die Wolken von den hohen Bergen im Inselinneren aufgehalten, so dass es im südlichen Teil während des ganzen Jahres eine recht hohe Wahrscheinlichkeit für sonniges und warmes Wetter gibt.

Zu den besonderen Klimaphänomenen der Kanaren gehört die Calima: Hin und wieder kehren sich die üblichen Luftströmungen um, und trockene und sehr warme Luft aus der Sahara weht herüber. Während einer Calima ist es heiß mit Temperaturen um 30-35 Grad und fast windstill. Die große Hitze verursacht einen dichten, zähen Dunst, der bis über die höchsten Gebirgslagen hinausreicht. Gelegentlich trägt der Wind sogar feinen Staub aus der Sahara herüber. Diese Situation kann während des ganzen Jahres auftreten, ist im Sommer jedoch viel häufiger. Eine Calima wird von den meisten Menschen als unangenehm empfunden, ist aber in der Regel nach wenigen Tagen vorüber.

## Ferienorte und Städte

Der Süden ist die bekannteste und am stärksten frequentierte Touristenregion Teneriffas. Um Los Cristianos, Playa de las Américas und Costa Adeje hat sich das größte Touristenzentrum der Insel entwickelt. Hier gibt es die besten Strände, die größte Auswahl an Unterkünften in allen Preis- und Komfortklassen und das umfangreichste Angebot an Freizeitmöglichkeiten. Die Gegend ist jedoch unübersehbar vom modernen Massentourismus geprägt, historische Städte und ursprüngliche Dörfer sind hier nicht zu finden.

Diese haben sich im Norden und Nordosten der Insel entwickelt, denn in früheren Zeiten hatte man andere Prioritäten für die Wahl des Wohnortes: Die wichtigste Einkommensbasis war die Landwirtschaft, daher waren die regenreichen und fruchtbaren Gegenden des Nordens viel begehrter als der sonnenreiche und warme, aber trockene Süden. Alle bedeutenden Städte haben sich im Norden entwickelt, und wer auf Teneriffa gewachsene Tradition und einheimisch geprägte Urbanität erleben will, muss die Retortenstädte des Südens verlassen. In jedem Fall sollte man die alte Hauptstadt La Laguna gesehen haben, in der die lange Geschichte einen nahezu geschlossenen Bestand an historischen Gebäuden hinterlassen hat. Auch in La Orotava hat sich der Reichtum der Kolonialzeit in steinerner Pracht manifestiert. Wer es lebhafter mag, sollte die heutige Hauptstadt Santa Cruz besuchen, eine moderne,

*Der Süden hat die schönsten Strände.*

pulsierende Metropole mit dem größten Angebot an Kultur, Einkaufsmöglichkeiten und Gastronomie. Die Hafenstadt Puerto de la Cruz ist beliebt als alternatives Touristenzentrum, mit ihren Parks und Gärten und der schönsten Badeanlage Teneriffas aber auch ein lohnendes Ausflugsziel.

*Doch um Urbanität zu erleben, muss man in den Norden, etwa nach La Laguna.*

## Anreise

Von vielen Städten in Deutschland, Österreich und der Schweiz werden Direktflüge nach Teneriffa angeboten, derzeit unter anderem von Air Berlin, Condor, TUIfly und Ryanair. Die Flugzeit beträgt üblicherweise 4-5 Stunden. Teneriffa hat zwei Flughäfen: Der Nordflughafen (Aeropuerto Los Rodeos oder Tenerife Norte, TFN) befindet sich im Nordosten in der Nähe von La Laguna, der Südflughafen (Aeropuerto Reina Sofia oder Tenerife Sur, TFS) liegt im äußersten Süden der Insel. Im Norden werden die Flüge vom spanischen Festland und der Nahverkehr zu den benachbarten Inseln abgewickelt. Die Direktflüge aus Deutschland, Österreich und der Schweiz steuern fast immer den Südflughafen an. Das nahegelegene Touristenzentrum Los Cristianos/Costa Adeje ist durch mehrere Buslinien mit dem Südflughafen verbunden, auch ins deutlich weiter entfernte Puerto de la Cruz gibt es eine schnelle Direktverbindung mit einem Expressbus.

## Unterkünfte

Auf Teneriffa gibt es eine enorme Zahl von Hotels und Apartmentanlagen in unterschiedlichsten Preis- und Komfortklassen. In den Sechziger- und Siebzigerjahren setzte man auf Masse, die Bausubstanz aus dieser Zeit ist daher meistens ziemlich verdichtet. In den letzten 10-15 Jahren wurden dagegen vermehrt luxuriöse Großhotelprojekte im oberen Preissegment realisiert. Am billigsten wohnt man in den großen Touristenzentren, wo ältere, ein Stück von der Küste entfernt liegende Anlagen oft sehr günstig angeboten werden. Da die Kanaren ein typisches Winterreiseziel sind und die meisten Besucher zwischen Anfang Oktober und Ende April kommen, sind die Unterkünfte in diesem Zeitraum in der Regel etwas teurer als im Sommer.

Die mit Abstand größte Auswahl in allen Preislagen gibt es im touristischen Ballungszentrum **Los Cristianos/Playa de las Américas/Costa Adeje** im Südwesten. Das etwas weiter nördlich gelegene **Los Gigantes** ist deutlich kleiner, aber auch hier gibt es ein breites Angebot. **Puerto de la Cruz** an der mittleren Nordküste wird von vielen Stammgästen wegen der urbanen und stilvollen Atmosphäre geschätzt. Kleinere Urlaubszentren sind **El Médano** im Süden und **Punta del Hidalgo** im Nordosten. Das kleine **Garachico** im Nordwesten hat sich zu einem interessanten Hotspot für luxuriöse Boutiquehotels entwickelt. **Vilaflor**, weit von der Küste entfernt an den Hängen des Teide-Massivs gelegen, ist eine interessante Option, wenn man überwiegend wandern möchte. Die Hauptstadt **Santa Cruz** hat zwar eine recht große Zahl von Hotels, doch sind dies überwiegend typische Stadthotels ohne die gewohnte Urlaubsatmosphäre. Außerhalb dieser Orte gibt es nur vereinzelt Hotels; oft sind dies aber sehr interessante Anlagen mit einer besonderen Atmosphäre wie der Parador (➤ Seite 96) oder das Hotel Rural Costa Salada (➤ Seite 64).

*In den Ferienzentren dominiert architektonische Uniformität.*

Eine gute Möglichkeit, ein Zimmer oder ein Apartment individuell zu buchen, sind Portale wie *www.booking.de* oder *www.hotel.de*, die umfassende Preisvergleiche und sofortige Buchungen ermöglichen. Die meisten Hotels akzeptieren auch Buchungen für einzelne Nächte, so dass Sie Ihren Urlaub an verschiedenen Orten verbringen können und nicht auf Pauschalangebote angewiesen sind.

*Mehr Stil haben die kleinen Anlagen wie das Hotel Costa Salada.*

## Mobilität

Auf Teneriffa gibt es ein recht dichtes **Busnetz**, das vom Verkehrsbetrieb TITSA unterhalten wird. Die Verbindungen sind aber natürlich in erster Linie an den Bedürfnissen der einheimischen Bevölkerung ausgerichtet. Das bedeutet, dass Städte und größere Ortschaften sehr gut untereinander verbunden sind, abgelegene und dünn besiedelte Gebiete aber – wenn überhaupt – nur mit wenigen Verbindungen bedient werden. Fahrpläne gibt es auf *www.titsa.com*. Hier steht auch ein Folder (als PDF) mit einer Auswahl von Linien zur Verfügung, die für Touristen interessant sind. Sehr hilfreich ist der Haltestellenfinder, der mit Hilfe einer digitalen Karte zu jedem Punkt auf der Insel die nächstgelegene Haltestelle und eine Verbindung dorthin anzeigt! Linienbusse heißen auf den Kanaren *guaguas*. In den Städten gibt es meistens einen zentralen Busbahnhof, an dem sich alle Linien treffen, *estación de guaguas* oder *intercambiador* genannt.

Wenn man sich überwiegend in den Urlaubsorten aufhält und nur die Städte und größeren Ortschaften besucht, wird man mit öffentlichen Verkehrsmitteln gut auskommen. Wer jedoch wandern möchte, stößt damit sehr schnell an Grenzen, denn viele Wanderziele werden nur alle paar Stunden oder überhaupt nicht angefahren. Ein **Mietwagen** ist daher kein Luxus. Durch die große Konkurrenz der zahlreichen Anbieter sind die Preise recht günstig, die Fahrzeuge größtenteils in gutem Zustand. Das Straßennetz ist überwiegend gut ausgebaut, die

Autobahn zwischen Adeje und Puerto de la Cruz ist eine hervorragende Schnellverbindung von Süd- und Nordküste. Die meisten kleineren Straßen sind aufgrund der bergigen Topografie aber recht kurvig.

Für die Anmietung brauchen Sie ein gültiges Ausweisdokument und natürlich einen Führerschein, die meisten Vermieter setzen auch eine Kreditkarte voraus. Eine vorherige Reservierung ist ratsam, vor allem, wenn Sie ein spezielles Fahrzeug (wie Kombi, Minibus oder Cabrio) wünschen. Ein Geländewagen macht nicht wirklich Sinn, da alle Straßen asphaltiert sind und das Befahren „wilder" Pisten verboten ist. Vermietstationen gibt es außer an den Flughäfen auch in vielen Touristenorten, so dass man sich auch nach den Anreise noch entschließen kann, ein Fahrzeug zu mieten. Für einen Preisvergleich sind Portale wie *www.autoeurope.de* nützlich.

Parkverbote sind auf Teneriffa (wie überall in Spanien) durch farbige Markierungen gekennzeichnet: Bei einer weißen Markierung (oder gar keiner Markierung) ist das Parken erlaubt und kostenlos, bei einer blauen ist es kostenpflichtig (meistens mit Parkscheinautomaten). Auf gelb markierten Flächen oder bei gelben Markierungen am Straßenrand darf überhaupt nicht geparkt werden. Die spanischen Verkehrsregeln sind im Wesentlichen die selben wie in Deutschland, die Alkoholgrenze liegt bei 0,5 Promille. Allerdings gibt es restriktive Tempolimits: Auf Autobahnen 120 km/h, auf Landstraßen 90, in Ortschaften 50. In Spanien ist der Service durch einen Tankwart üblich. Benzin heißt „Gasolina", Diesel „Gasóleo", die Farbmarkierungen an den Tankstellen sind aber wie gewohnt: Benzin ist grün, Diesel schwarz.

*Ein eigenes Fahrzeug macht auch die abgelegenen Gegenden zugänglich.*

# Teil 1

# Der Süden

Die hohe Wahrscheinlichkeit für sonniges Wetter macht den Süden zu Teneriffas beliebtester Tourismusregion. Im Ferienzentrum Los Cristianos/Costa Adeje gibt es die schönsten Strände, das größte Angebot an Unterkünften und die besten Freizeitmöglichkeiten. Das kleine El Médano ist Teneriffas Surfer-Hotspot, gefällt aber auch Nichtsurfern. Interessante Naturlandschaften oder ursprüngliches Lokalkolorit findet man in diesem Teil der Insel dagegen weniger.

## Teneriffas Touristenzentrum

An der südwestlichen Küste befindet sich der mit Abstand größte touristische Komplex der Insel, den die Orte Los Cristianos, Playa de las Américas und Costa Adeje bilden. Diese drei Orte sind durch ungehemmt wuchernde Apartment- und Hotelsiedlungen im Lauf der letzten Jahrzehnte zu einer touristischen Megacity miteinander verwachsen. Hier ist der reine, pure Massentourismus angesagt, Ursprünglichkeit und lokale Kultur sollte man besser nicht erwarten. Dafür gibt es gleich eine ganze Reihe schöner Strände, Unterkünfte jeder Preis- und Komfortklasse und dazu ein breites Angebot an Freizeitmöglichkeiten wie Ausflugsfahrten, Themenparks und Sportzentren. Ein weiteres großes Plus ist die recht hohe Sonnensicherheit dieser Gegend: Die Wolken, die die beständig wehenden Passatwinde aus Richtung Nordosten herantreiben, werden meistens durch die hohen Berge im Landesinneren abgehalten. Daher ist es hier oft auch dann sonnig und warm, wenn es im Norden der Insel bewölkt und kühl ist.

In früheren Jahrhunderten hatte man freilich andere Prioritäten: Die Südküste Teneriffas war damals kein begehrter Wohnort, denn das trockene Klima ließ hier fast keine Landwirtschaft zu. Die wohlhabenderen Dörfer und die großen Städte entwickelten sich im Norden der Insel und an den Berghängen weiter oben, an der Küste gab es nur ein paar ärmliche Fischerdörfer. Erst mit dem Aufkommen des modernen Tourismus in den Sechziger- und frühen Siebzigerjahren wurde dieser Küstenabschnitt plötzlich interessant. Hotels, Apartments und die zugehörige Infrastruktur überwucherten schnell das bisschen Ursprünglichkeit, das hier vorhanden war. Historische Bauwerke und gewachsene dörfliche oder urbane Strukturen gibt es daher praktisch nicht.

*Die Urbanisationen im Südwesten sind eine touristische Kunstwelt.*

Großraum Los Cristianos, Playa de las Américas und Costa Adeje
1: Playa del Duque
2: Playa de Fañabé
3: Puerto Colón
4: Aqualand
5: Playa del Bobo
6: Siam Park
7: Magma
8: Playa de Troya
9: Promenade
10: Playa del Camisón
11: Playa de las Vistas
12: Playa de Los Cristianos
Adeje
La Caleta
TF-1
Ausfahrt 30
Costa Adeje
TF-481
Ausfahrt 29
Jungle Park
Arona
Teide
Flughafen
Santa Cruz
Ausfahrt 28
TF-1
Ausfahrt 72
Playa de las Américas
Los Cristianos
800 m
1:40.000

## Los Cristianos

Den südlichen Beginn des Ballungszentrums bildet Los Cristianos, dessen Ursprung ein altes Fischerdorf ist. Von dörflicher Romantik kann hier allerdings schon lange keine Rede mehr sein. Im Gegensatz zu den Retortenstädten, die sich Richtung Nordwesten anschließen, gibt es hier aber einen historischen Ortskern und zumindest eine Andeutung von normalem einheimischem Leben. Der **Hafen** von Los Cristianos ist der größte im Süden Teneriffas. Hier mischen sich private Jachten mit Fischerbooten, außerdem legen hier die Fähren zu den westlich gelegenen Inseln La Gomera, La Palma und El Hierro ab. Daneben gibt es ein großes Angebot an Ausflugsfahrten (➤ Seite 22).

*Pflicht oder nicht?*

- •••• *top, unbedingt machen!*
- ••• *sollte man erlebt haben*
- •• *nette Abwechslung*
- • *man versäumt nicht viel*

*Los Cristianos ist keine wirkliche Sehenswürdigkeit, hat aber eine nette, entspannte Atmosphäre. Die Playa de las Vistas ist einer der schönsten Strände der Gegend und lohnt alleine schon einen Besuch.*

Der ausgedehnte Sandstrand in der Hafenbucht, die **Playa de Los Cristianos**, ist mit rund 400 Metern einer der längsten natürlichen Strände im Süden der Insel. Durch die hohen Berge, die rings um die Bucht aufragen, ist es hier meistens recht windstill, so dass dieser Strand nicht die schlechteste Bademöglichkeit auf Teneriffa ist. Der Hafenstrand grenzt direkt an das Zentrum an und hat

*Die Strandpromenade ist der lebhafte Mittelpunkt von Los Cristianos.*

daher eine durchaus urbane Atmosphäre, auf der Promenade lassen sich gut ein paar entspannte Stunden verbummeln. In den kleinen Straßen gleich dahinter befinden sich etliche Cafés, Restaurants und Geschäfte, die in erster Linie auf die zahlreichen Touristen ausgerichtet sind.

*Der Hafenstrand ist auch für sportliche Aktivitäten beliebt.*

Nur ein paar hundert Meter weiter Richtung Westen gibt es noch einen zweiten, deutlich größeren Strand, die **Playa de las Vistas**. Mit einer Länge von fast 800 Metern bietet sie reichlich Platz, die gepflegte Atmosphäre macht sie zum wohl schönsten Strand der ganzen Region. Wie viele Strände auf Teneriffa ist auch dieser künstlich durch Sandaufschüttung hergestellt worden. Man bemerkt aber keinen Unterschied zu einem natürlichen Strand: Die Wasserqualität ist super, das Wetter meistens auch, und die üblichen Serviceangebote wie Sonnenschirmvermietung, Duschen und Wachdienst stehen bereit.

Die Playa de las Vistas ist der wohl schönste Strand in weitem Umkreis.

Im Westen folgt schließlich noch die kleinere **Playa del Camisón**, die von luxuriösen Hotelanlagen mit Neigung zum Edelkitsch umgeben ist, dazwischen liegt ein recht ansprechendes Einkaufszentrum. Hinter dem Cap Camisón schwenkt die Küstenlinie Richtung Norden. Sandstrände gibt es in diesem Abschnitt nicht, dafür aber eine hübsche Promenade, die nach Playa de las Américas führt und vor allem abends wegen der schönen Aussicht auf die untergehende Sonne beliebt ist.

**GPS-Wegpunkte**

| | | | |
|---|---|---|---|
| *Hafen Los Cristianos* | *01* | *28,04970* | *16,71939* |
| *Playa de las Vistas* | *02* | *28,05152* | *16,72331* |
| *Playa del Camisón* | *03* | *28,05300* | *16,73146* |
| *Playa de Troya* | *04* | *28,06773* | *16,73312* |
| *Playa del Bobo* | *05* | *28,07203* | *16,73282* |
| *Puerto Colón* | *06* | *28,07731* | *16,73587* |
| *Playa de la Pinta* | *07* | *28,07992* | *16,73498* |
| *Playa de Fañabé* | *08* | *28,08559* | *16,73720* |
| *Playa del Duque* | *09* | *28,09140* | *16,74357* |
| *Aqualand* | *10* | *28,07943* | *16,72769* |

**Wie man hinkommt**

*Direkt am Hafen gibt es einen großen, gebührenpflichtigen Parkplatz. Von hier aus sind das Zentrum und die beiden Strände Playa de Los Cristianos und Playa de las Vistas in wenigen Minuten zu erreichen. Gebührenfreie Parkplätze (weiß markiert oder ohne Markierungen) an den Straßen in einiger Entfernung vom Hafen.*

*Der Busbahnhof befindet sich an der Avenida Juan Carlos I. Los Cristianos wird von zahlreichen Buslinien angefahren; die wichtigsten sind 111, 343 und 450 (alle nach Costa Adeje und zum Südflughafen).*

## Playa de las Américas und Costa Adeje

Nördlich an Los Cristianos schließen sich Playa de las Américas und Costa Adeje an. Die beiden Orte gehen so nahtlos ineinander über, dass kein Übergang zu erkennen ist – der Einfachheit halber werden sie daher oft auch zusammenfassend als Playa de las Américas bezeichnet. Die sich kilometerweit die Küste entlang erstreckende Retortenstadt besteht zum größten Teil aus Hotels und Apartmentanlagen. Die Bebauung ist enger als in Los Cristianos, vor allem das Zentrum um den Hafen Puerto Colón wirkt sehr gedrängt. Hier ist reiner Massentourismus-Trubel mit einer leicht schäbigen Anmutung angesagt, die Los Cristianos im Vergleich nobel wirken lässt: Die dicht an dicht hochgezogenen Bauten sind inzwischen schwer in die Jahre gekommen, an vielen Fassaden blättert die Farbe.

Die Preise sind hier allerdings deutlich niedriger als in Los Cristianos, vor allem in den etwas von der Küste entfernt liegenden Anlagen kann man sehr günstig wohnen. Außerdem hat man

**Pflicht oder nicht?**

- •••• *top, unbedingt machen!*
- ••• *sollte man erlebt haben*
- •• *nette Abwechslung*
- • *man versäumt nicht viel*

*Costa Adeje ist reiner, purer Massentourismus in sehr komprimierter Form – diese Tatsache muss man hier akzeptieren. Als Ausflugsziel taugt der hässliche, verbaute Ort auf keinen Fall, und auch die Strände sind nicht so toll, dass man deswegen kommen müsste.*

*Am Puerto Colón befindet sich das Epizentrum des Massentourismus auf Teneriffa.*

Calle Bruselas
Avenida de Moscú
Av. Jardines del Duque
Calle Londres
Calle Bruselas
Av. Francisco Ucelay S.
Calle París
TF-1
Ausfahrt 30
Calle Roma
Av. Ernesto Sarti
TF-481
P
Calle Gran Bretaña
Av. de los Pueblos
TF-1
Ausfahrt 29
Lluvina
Av. Rafael Puig
Calle Venezuela
Av. V. Cenetario
TF-481
P
Costa Adeje/Playa de las Américas Zentrum
1: Playa del Duque
2: Playa de Fañabé
3: Playa de la Pinta
4: Puerto Colón
5: Aqualand
6: Playa del Bobo
7: Siam Park
8: Magma
9: Playa de Troya
400 m
1:20.000

hier eine umfangreiche touristische Infrastruktur mit verschiedensten Freizeitangeboten in unmittelbarer Nähe, darunter die Wasser-Erlebnisparks **Aqualand** und **Siam Park** (➤ Seite 24). Das Aqualand bietet die einzige Delfinshow im Süden Teneriffas, ist aber etwas in die Jahre gekommen und der Konkurrenz des großartigen Siam Park nicht gewachsen. **Puerto Colón** ist der wichtigste Touristenhafen der Gegend mit einer großen Auswahl an Wassersportangeboten und Ausflugsfahrten (➤ Seite 22), und zu weiter entfernt liegenden Attraktionen gibt es Shuttledienste und Busausflüge.

Mit Stränden sind Playa de las Américas und Costa Adeje sehr gut ausgestattet: Südlich des Hafens liegen direkt nebeneinander die kleinen, buchtartigen Strände **Playa de Troya** und **Playa del Bobo**, an denen hohe Wellenbrecher für ruhiges Badewasser sorgen. Um die Ecke vom Hafen Richtung Norden liegt die kleine **Playa de la Pinta**. Die Straßen um die Strandbucht sind das Zentrum von Costa Adeje mit vielen Bars, Restaurants und Geschäften. Allerdings mit einer etwas eigenen Atmosphäre: Blinkende Neonreklamen, Touristen-Junkfood, bierlastige Fußball-Liveübertragungen, dazwischen fliegende Händler mit Plastikramsch – dieses Epizentrum des Massentourismus ist so konsequent hässlich, dass es fast schon wieder Stil hat!

Etwas niveauvoller geht es gleich hinter dem Leuchtturm an der **Playa de Fañabé** zu. Sie ist mit einer Länge von fast 900 Metern die ausgedehnteste Strandzone des gesamten Touristenzentrums und übertrifft sogar die Playa de las Vistas. Der langgestreckte Gebäudekomplex des

*Die Playa de Fañabé ist die größte Strandzone der Region.*

Shopping Center Litoral, der den Strand säumt, enthält eine große Auswahl an Shops und Restaurants. Weiter in Richtung Norden folgt schließlich noch die **Playa del Duque**. Hier läuft die Touristen-Megacity mit einigen großen, sehr luxuriösen und noch recht neuen Hotelanlagen der Fünf-Sterne-Klasse aus. Atmosphärisch – aber natürlich auch preislich – ist man hier weit vom tristen Hafenviertel entfernt.

**Wie man hinkommt**

*Am Südrand des Puerto Colón gibt es einen gebührenpflichtigen Parkplatz. Stellplätze an den Straßen sind kostenlos, aber generell schwer zu finden.*

*Costa Adeje ist durch zahlreiche Buslinien mit entfernteren Zielen wie dem Südflughafen oder Santa Cruz verbunden. Alle Linien fahren durch die Hauptstraße TF-481 und weiter nach Los Cristianos.*

*GPS-Wegpunkte auf Seite 18*

Das 2005 fertiggestellte **Kongress- und Veranstaltungszentrum Magma** (an der Autobahn, gegenüber vom Siam Park) setzt mit seiner brutalistischen Attitüde einen selbstbewussten Akzent in der architektonischen Wüste und ist alleine deswegen einen Besuch wert. Veranstaltungsprogramm auf *www.magmatenerife.es* oder unter Tel. 0034 902 109 974, die Eingangshalle ist tagsüber zugänglich.

## *Tipp:* Whale Watching

Der Atlantik um die Kanaren ist eines der bevorzugten Lebensgebiete von Walen und Delfinen. Walbeobachtungstouren sind daher ein beliebtes Ausflugsprogramm, für das es zahlreiche Anbieter gibt. Fast immer sind dabei die kleinen Grindwale (englisch „pilot whales“) zu sehen, die mit rund 5 Metern etwa doppelt so lang werden wie Delfine und sich das ganze Jahr über in großer Zahl in dieser Gegend aufhalten. Sie sind dunkelgrau und an der charakteristischen sichelförmigen Rückenflosse und dem fast kugelförmigen Kopf leicht zu erkennen. Sie leben in kleinen Familiengruppen und verhalten sich den Booten gegenüber so tolerant und zutraulich, dass sich die Begegnung mit ihnen fast garantieren lässt. Verschiedene Arten von Delfinen sind ebenfalls das ganze Jahr über anwesend. Sie sind nicht ganz so zuverlässig anzutreffen, aber auch bei ihnen bestehen gute Chancen. Größere Walarten sieht man dagegen nur selten.

Tipp: Whale Watching

Die Fahrten dauern zwischen 2 und 5 Stunden. Die zweistündigen Touren sind reine Beobachtungsfahrten, bei denen das Boot eine Runde über das offene Meer dreht und dann zum Hafen zurückkehrt. Die längeren Touren schließen an diese Runde noch einen Badeaufenthalt an, hier ist in der Regel auch ein Mittagessen inkludiert.

Ausgangspunkte sind die Häfen von Los Cristianos und Puerto Colón in Costa Adeje, wobei das Angebot in Puerto Colón deutlich breiter ist. Viele Veranstalter bieten einen Shuttlebusdienst zum Hafen an. Die größten Unterschiede zwischen den einzelnen Anbietern sind die Bootstypen: Manche fahren mit kleinen Segelkatamaranen hinaus, andere mit historisierenden Segelschiffen, große Motorschiffe sind unüblich. Allerdings fahren auch die Segelschiffe meistens mit Motorkraft und nicht unter Segeln. Wer leicht seekrank wird, ist auf einem größeren Schiff besser dran!

Die kürzeren Fahrten finden mindestens einmal täglich statt, die längeren meistens nur 2-4 Mal pro Woche. Die Preise liegen je nach Tourlänge zwischen 20 und 55 Euro für Erwachsene, Kinder in der Regel etwas mehr als die Hälfte. Viele Firmen geben Rabatte von 10-20 % bei vorheriger Buchung über ihre Internetseiten.

*Die kleinen Grindwale sind am häufigsten zu sehen.*

*Ab Puerto Colón:*

*www.bonadea2catamaran.com (kleiner Segelkatamaran)*
*www.edencatamaran.com (kleiner Segelkatamaran)*
*www.barcostenerife.com (klassisches Segelschiff)*
*www.maxifunsailing.com (kleine Segeljacht)*
*www.tenerifedolphin.com (großes Motorschiff)*

*Ab Los Cristianos:*

*www.mardeons-tenerife.com (klassisches Segelschiff)*
*www.barcostenerife.com (klassisches Segelschiff)*

## Siam Park

Der 2008 eröffnete Siam Park in Costa Adeje ist der absolut spektakulärste Wasser-Erlebnispark der Kanaren! Um Entspannung oder Wellness geht es allerdings weniger, der Schwerpunkt liegt auf spaßgeladener Action. Man hat sich bemüht, ein sehr breites Spektrum anzubieten, bei dem für jeden etwas dabei ist. Der Adrenalinfaktor ist daher sehr breit gefächert: Der „Mai Thai River" ist ein künstlicher Fluss, auf dem man sich, auf Schwimmreifen liegend, durch den Park treiben lässt. Im „Vulcano" wird man dagegen durch einen künstlichen Vulkan mit Laser- und Soundeffekten gespuckt, und die 2013 fertiggestellte Megarutsche „Kinnaree" hält auf ihrer 213 Meter langen Bahn diverse Überraschungseffekte bereit. Für die ganz Mutigen gibt es noch den „Tower of Power": Eine 28 Meter hohe, extrem steile Wasserrutsche, auf der man Geschwindigkeiten von 70-80 km/h erreicht und am Ende durch ein riesiges Becken mit Haien geschossen wird – in einer luftgefüllten Röhre immerhin.

Die Kleinen haben im nagelneuen Superplanschbecken „Sawasdee" und im spritzigen Wasser-Abenteuerspielplatz „The Lost City" ihren Spaß. Zwischendurch kann man am „Siam Beach", einem künstlichen Strand mit Brandung, entspannen. Ein „schwimmender

**Pflicht oder nicht?**

- ●●●● *top, unbedingt machen!*
- ●●● ***sollte man erlebt haben***
- ●● *nette Abwechslung*
- ● *man versäumt nicht viel*

*Der Siam Park ist ein Wasser-Erlebnispark der Weltklasse und auf den gesamten Kanaren konkurrenzlos. Ein absolutes Muss für alle, die Spaß und Action im Wasser mögen!*

*Der Siam Park ist voll von aufwendigen, spektakulären Anlagen.*

Markt" in asiatischem Stil sowie diverse gastronomische Angebote ergänzen den Park. Abgesehen von „Sawasdee" und der „Lost City" dürfen alle Anlagen allerdings nur von Kindern benutzt werden, die bestimmte Mindestgrößen erreichen. Das fängt bei 1,10 Metern an, das volle Angebot steht erst ab einer Größe von 1,40 zur Verfügung – um Enttäuschungen zu vermeiden, sollte man das bei der Ausflugsplanung berücksichtigen.

Der Siam Park wird von derselben Firma betrieben wie der Loro Parque in Puerto de la Cruz (➤ Seite 77). Ebenso wie dort ist alles sehr professionell und in jeder Hinsicht aufwendig und spektakulär gestaltet. Dem technischen Aufwand scheinen wenig Grenzen gesetzt worden zu sein, und die Planer haben eine beeindruckende Kreativität unter Beweis gestellt. Aber auch die Gestaltung kann sich absolut sehen lassen: Das Thailand-Thema zieht sich durch den ganzen Park, viel Holz wurde verbaut, alles wirkt sehr schön und sehr wertig.

*Der Schwerpunkt liegt auf spaßgeladener Action.*

**Wie man hinkommt**

*Der Siam Park liegt am östlichen Ortsrand von Costa Adeje direkt an der Autobahn TF-1 (Ausfahrt 28 oder 29). Der Parkplatz ist gebührenpflichtig, kostenlose Stellplätze gibt es in den umgebenden Straßen und gegenüber am Kongresszentrum Magma.*

*Von Costa Adeje, Playa de las Américas und Los Cristianos fährt täglich von 9:30 bis 18:30 Uhr alle 30 Minuten ein kostenloser Shuttlebus zum Park und zurück. Von Puerto de la Cruz fährt einmal täglich ein preisgünstiger Sonderbus. Öffentliche Busse ab Haltestelle Playa Américas (alle Linien von/bis Costa Adeje).*

*1.5.-31.10. tägl. 10:00-18:00 Uhr, 1.11.-30.4. tägl. 10:00-17:00 Uhr*

*Erwachsene und Kinder ab 12 33,- €, Kinder von 3-11 22,- €.*
*Günstige Kombipreise für Siam Park und Loro Parque (Seite 77).*

*www.siampark.net, Tel. 0034 902 060 000*

*GPS-Wegpunkt 11: 28,07168, -16,72656*

## La Caleta und Playa Diego Hernández

Ein Stück nördlich von Costa Adeje zieht sich das reizvoll verschlafene Fischerdorf La Caleta um eine kleine Bucht herum. Das Luxushotelviertel von Costa Adeje ist inzwischen bis auf wenige hundert Meter an das Örtchen herangerückt und hat es nicht unberührt gelassen: La Caleta ist durchaus touristisch, man hat sich aber bemüht, ein hohes Niveau zu halten. Auch wenn das aufgeputzte Dorf nicht mehr sonderlich ursprünglich wirkt, ist es vor allem am Abend eine schöne Fluchtmöglichkeit aus dem Massentourismus-Getriebe, denn die hiesigen Fischrestaurants haben eine gute Reputation. Das Publikum ist anspruchsvoll, die Stimmung an der heimeligen Bucht auf eine entspannte Art nobel.

**Pflicht oder nicht?**

- •••• *top, unbedingt machen!*
- ••• *sollte man erlebt haben*
- •• *nette Abwechslung*
- • *man versäumt nicht viel*

*La Caleta ist nicht wirklich eine Sehenswürdigkeit, die Atmosphäre ist aber durchaus nett. Die Playa Diego Hernández ist ein schönes Ausflugziel.*

*La Caleta ist vor allem für seine Fischrestaurants bekannt.*

*Die Playa Diego Hernández liegt versteckt in einer kleinen Bucht.*

Zum Baden ist La Caleta allerdings weniger geeignet: Die Bucht ist steinig, es gibt nur einen unattraktiven, grobkiesigen Strand. Mit einem kleinen Spaziergang von 20-25 Minuten lässt sich aber die sehr hübsche **Playa Diego Hernández** erreichen, die bisher völlig unverbaut ist und fast noch als Geheimtipp durchgeht. Aber eben nur fast: Tagsüber ist an dem ziemlich kleinen Strand einiges los, und meistens befindet sich hier eine regelrechte Zeltstadt. Als einziger „wilder" Sandstrand der touristisch durchorganisierten Gegend ist die Playa Diego Hernández aber in jedem Fall ein reizvolles Ziel!

*Wie man hinkommt*

***Nach La Caleta:*** *Von der Autobahn TF-1 über die Ausfahrt 78. Am Ortseingang befindet sich ein großer Parkplatz, hier halten auch die Busse (Linien 416 und 418 von Los Cristianos/Costa Adeje). Zu Fuß vom Nordende der Playa de Fañabé ca. 30-35 Minuten.*

*GPS-Wegpunkt 12: 28,10085 -16,75542*

***Zur Playa Diego Hernández:*** *Vom Parkplatz aus auf die Apartmenthäuser zu, die sich auf der Nordseite den Hang hinaufziehen. Direkt neben einer pastellgelben Hausanlage auf einer breiten Treppe mit rötlichen Kacheln nach oben. Hinter den Häusern Richtung Meer und nach knapp 40 Metern rechts auf einen deutlichen, von Steinreihen gesäumten Pfad. Man durchquert zunächst die Bucht der steinigen Playa Los Morteros und erreicht nach 20-25 Minuten die Playa Diego Hernández. Der Pfad ist steinig, feste Schuhe sind sinnvoll. Keine Serviceleistungen, man muss alles selbst mitbringen!*

*GPS-Wegpunkt 13: 28,10811 -16,76067*

## *Thema:* Barranco del Infierno

Der großartige Barranco del Infierno, der am oberen Ortsrand von Adeje beginnt, war lange Zeit eine der interessantesten und meistbesuchten Natursehenswürdigkeiten Teneriffas. Ein leicht begehbarer Weg führt in wenigen Kilometern in die eindrucksvolle, klammartige Schlucht hinein. Nachdem im Jahr 2009 ein Tourist durch Steinschlag ums Leben kam, ist der Zugang allerdings gesperrt (auch wenn die Absperrung recht durchlässig ist). Eine Wiedereröffnung war bei Redaktionsschluss nicht absehbar. Das kann sich aber ändern – aktuelle Informationen bekommen Sie auf *www.barrancodelinfierno.es!*

## Jungle Park

Der südlich von Arona und nicht weit von Los Cristianos gelegene Jungle Park ist einer der beiden Tierparks auf Teneriffa. Der Konkurrenz des viel spektakuläreren Loro Parque in Puerto de la Cruz (➤ Seite 77) kann er nicht ganz standhalten: Zwar werden eindrucksvolle Tiere wie Löwen, Tiger und Orang-Utans gezeigt, die Anlagen wirken aber doch eher trist. Zusätzliche Angebote wie eine Art Hochseilgarten und eine Bobbahn für Kinder können nicht viel herausreißen, und von einem Dschungel kann auch nicht so wirklich die Rede sein.

Definitiv eine Attraktion sind aber die Vogelshows: Die Vogelsammlung ist ein Schwerpunkt des Parks, der deshalb auch „Parque Las Águilas", also „Adlerpark" heißt. In den Flugshows kann man Adler, Geier, Falken, aber auch Papageien, Kraniche und viele weitere exotische Arten in ihrem natürlichen Element sehen. Ein Erlebnis, das es auf Teneriffa nur hier gibt, denn der Loro Parque bietet nichts Vergleichbares! Große Greifvögel führen beeindruckende Flugmanöver vor, bei denen sie im Tiefflug über die Köpfe des Publikums

**Pflicht oder nicht?**

- •••• *top, unbedingt machen!*
- ••• *sollte man erlebt haben*
- •• *nette Abwechslung*
- • *man versäumt nicht viel*

*Der Park ist eher trist und kann mit dem Loro Parque nicht mithalten. Die Vogelshows sind allerdings ein Erlebnis!*

*Die Vogelshows sind die großen Attraktionen des Parks.*

hinwegrauschen, Papageien entfalten ihre Farbenpracht am Himmel. Dazu gibt es Erklärungen von den Betreuern der Tiere auf Spanisch und Englisch. Eine kleine Gruppe von Seelöwen zeigt in ihrer Show kleine Kunststücke, in der übrigen Zeit kann man den eleganten Schwimmern durch große Unterwasserfenster zusehen. Eine Delfinshow gibt es im Jungle Park nicht, diese wird stattdessen im Aqualand in Costa Adeje angeboten (➤ Seite 21, beide Parks gehören derselben Firma).

**Wie man hinkommt**

*Von der Autobahn TF-1 über die Ausfahrt 72 Richtung Arona, dann der Beschilderung „Parque Las Águilas" oder „Jungle Park" folgen. Von Los Cristianos, Playa de las Américas und Costa Adeje verkehrt ein kostenloser Shuttlebus. Keine direkte Linienbusverbindung.*

*Täglich 10:00-17:30 Uhr, Einlass bis 16:30 Uhr. Die Vogelshows („Birds of Prey Show" mit Greifvögeln und „Exotic Birds Show" mit Papageien und anderen Exoten) finden je einmal in der frühen Mittagszeit und einmal am Nachmittag statt, die Seelöwenshow zweimal am Nachmittag.*

*Eintritt für Erwachsene 24,- €. Kinder werden nach Größe berechnet: 90-110 cm 8,- €, 110-140 cm 17,- €, ab 140 cm wie Erwachsene. Es gibt günstige Familientickets und Kombitickets für Jungle Park und Aqualand sowie Rabatte bei Online-Buchung.*

*www.aguilasjunglepark.com, Tel. 0034 922 729 010*

*GPS-Wegpunkt 14: 28,08090, -16,69452*

## El Médano

Ein charmanter Sonderfall unter den Ferienorten Teneriffas ist El Médano, das sich an der Südostküste in der Nähe des Flughafens befindet. In den Sechzigerjahren, als der Massentourismus seine Schatten vorauswarf, schien der Ort großes Potenzial zu haben, die ersten Hotels und Apartmentanlagen wurden errichtet. Das ziemlich protzig auf Stelzen ins Meer hinein gebaute Hotel Médano ist bis heute ein Denkmal für den Optimismus dieser Epoche. Dann aber entschieden sich die großen Investoren doch für den weiter westlich gelegenen Küstenabschnitt um Los Cristianos: Zu lästig war der hier übliche kräftige Wind, zu nah der 1973 eröffnete neue Flughafen. El Médano hörte auf zu wachsen und blieb bis heute ein ziemlich bescheidener Fleck.

**Pflicht oder nicht?**

- •••• *top, unbedingt machen!*
- ••• *sollte man erlebt haben*
- •• *nette Abwechslung*
- • *man versäumt nicht viel*

*Der schöne Strand und die spezielle Atmosphäre machen El Médano zu einem durchaus interessanten Ausflugsziel!*

Aber für eine ganz bestimmte Gruppe von Touristen ist der Wind genau richtig, und so entwickelte sich El Médano schnell zu Teneriffas Hotspot der Wind- und Kitesurferszene! Die Bedingungen sind so gut, dass hier sogar immer wieder mal Wettkämpfe auf Weltklasse-Niveau stattfinden. Aber auch viele Nichtsurfer fühlen sich in El Médano wohl: Der Ort ist klein und ruhig geblieben, weil die Entwicklung des Massentourismus weitgehend vorübergezogen ist. Die Atmosphäre ist lässig und entspannt, ein paar Restaurants, Bars und Geschäfte an der Promenade sind alles, was man braucht.

Aber das Beste ist der Strand: Die **Playa del Médano** ist mit rund 1,2 Kilometern einer der längsten Sandstrände Teneriffas! Platz genug für alle also: Am nordöstlichen Ende im Zentrum ist Baden angesagt, das hier flache Wasser eignet sich auch für Kinder. An der kleinen Promenade gibt es ein paar nette Cafés fürs gepflegte Abhängen. Für die Show sorgen die Wind- und Kitesurfer, deren Spielwiese sich vor dem südlichen Ende des Strandes etwas außerhalb des Ortes befindet. Wer dazugehören will, kann sich in einer der Surfschulen den Umgang mit Brett und Kite beibringen lassen oder dort die Ausrüstung mieten.

*Die Playa del Médano ist einer der längsten Strände der Insel.*

Südlich des Strandes ragt weithin sichtbar die 172 Meter hohe **Montaña Roja** auf. Die felsigen Buchten am Fuß des „roten Berges“ sind für das diskrete Sonnenbad beliebt, von El Médano aus führen gut erkennbare Pfade dorthin. Hinter der Montaña Roja, gut zwei Kilometer vom Zentrum entfernt, befindet sich noch ein weiterer Strand, die weitläufige **Playa de la Tejita**, die über die TF-643 Richtung Los Abrigos erreichbar ist (zu Fuß muss man auf der Landseite am Berg vorbei). Sie ist breit, feinsandig und unverbaut, allerdings ebenfalls sehr windexponiert.

*Der kräftige Wind macht El Médano zu Teneriffas Top-Surfspot.*

*Wie man hinkommt*

*Zum Zentrum führt die Avenida Principes de España, an deren Ende es einen kleinen Parkplatz gibt. Alternative Stellplätze (im ganzen Ort kostenlos) an den Straßen. Buslinien: 116 (von Santa Cruz über Granadilla), 470 (von Granadilla und Los Cristianos), 483 (von Los Cristianos und Playa Américas). Die meisten Linien halten an der Kirche (Ermíta El Médano).*

*Informationen zu Surfunterricht und Ausrüstungsverleih sowie weitere Details für Surfer unter www.surfcenter.el-medano.com.*

*GPS-Wegpunkt 15: 28,04446, -16,53839 (Zentrum)*

## *Tipp:* Hotels in El Médano

In El Médano gibt es neben vielen Apartments drei Hotels: Der Platzhirsch ist das **Hotel Médano**, das verwegen auf Stelzen ins Meer hinein gebaut wurde. Surfer mögen das **Hotel Playa Sur Tenerife** am südlichen Strandbereich, etwa 600 Meter vom Zentrum entfernt. In beiden Häusern gibt es deutsch sprechendes Personal.

Die preisgünstige Alternative ist das **Hostal Carel**: im Zentrum etwas vom Strand entfernt gelegen, mit großen, komfortablen Zimmern. Kein Pool, reduzierter Service, selbst englisch sprechendes Personal ist schwer zu finden. Wer einfach nur ein billiges Bett will, ist hier aber definitiv gut aufgehoben!

***Hotel Médano:*** *direkt im Zentrum am nordöstlichen Ende des Strandes*

*www.hotelmedano.com, Tel. 0034 922 177 000*
*Doppelzimmer mit Frühstück 70-90 Euro*

***Hotel Playa Sur Tenerife:*** *am südlichen Ende des Ortes, die Zufahrt zweigt 350 Meter vor dem Ortseingang von El Médano nach Südwesten ab (TF-643 Richtung Los Abrigos)*

*www.hotelplayasurtenerife.com, Tel. 0034 922 176 120*
*Doppelzimmer mit Frühstück um 100 Euro*

***Hostal Carel:*** *an der in den Ort führenden Hauptstraße, etwa 300 Meter vom Strand entfernt (Av. Principes de España 22)*

*www.hcareltenerifesur.com Tel. 0034 922 176 898*
*Doppelzimmer mit Frühstück um 50 Euro*

# Teil 2

# Der Nordosten

Der Nordosten ist eine der interessantesten Gegenden Teneriffas – in vielerlei Hinsicht: Die frühere Hauptstadt La Laguna verbindet das schönste historische Stadtbild mit einer entspannten, urbanen Atmosphäre. Die aktuelle Hauptstadt Santa Cruz ist als moderne Metropole Teneriffas erste Adresse für Shopping und Kultur, und das Anaga-Gebirge gehört mit seinen üppigen Lorbeerwäldern zu den großartigsten Landschaften der Insel!

## Die Pyramiden von Güímar

In der Kleinstadt Güímar an der Ostküste Teneriffas befinden sich die wohl geheimnisvollsten Bauwerke der Insel: Eine Reihe flacher, stufenförmiger Pyramiden, die aus Steinbrocken aufgeschichtet wurden. Die meiste Zeit ging man davon aus, dass sie erst während der letzten Jahrhunderte von örtlichen Bauern angelegt wurden, um die Ernte vor Wind zu schützen oder auch nur, um die störenden Steine loszuwerden. Erst der norwegische Archäologe Thor Heyerdahl (1914-2002) betrachtete die Pyramiden auf neue Art. Er war sein Leben lang von der Theorie fasziniert, dass die Menschen möglicherweise bereits in prähistorischer Zeit die Ozeane befahren konnten und Kulturen auf verschiedenen Kontinenten dadurch miteinander in Beziehung standen. Berühmt wurde er, als er 1947 mit dem Balsafloß Kon-Tiki den Pazifik überquerte.

**Pflicht oder nicht?**

- ●●●● *top, unbedingt machen!*
- ●●● *sollte man erlebt haben*
- **●● *nette Abwechslung***
- ● *man versäumt nicht viel*

*Der „Schauwert" der Pyramiden ist ebenso begrenzt wie ihre archäologische Bedeutung, so dass sich der Besuch nur für besonders Interessierte lohnt. Die Zusatzausstellung ist definitiv überteuert.*

Nach Heyerdahls Vermutung könnten frühe europäische oder nordafrikanische Völker regelmäßige Kontakte nach Amerika unterhalten haben. Die Kanaren hätten sich dabei als Zwischenstation angeboten, die prähispanischen Ureinwohner, die Guanchen (➤ Seite 36), könnten in diesen Transatlantikverkehr involviert gewesen sein – eine gewagte These, waren doch die

*Die Pyramiden von Güímar waren Gegenstand gewagter Theorien.*

Guanchen keineswegs ein Seefahrervolk. Aber Heyerdahl traute ihnen noch mehr zu: Er mutmaßte, sie hätten die geheimnisvollen Pyramiden als astronomische Observatorien erbaut.

Die Anlage schien ihm so interessant, dass er 1991 umfangreiche Untersuchungen einleitete. Deren Ergebnis war allerdings enttäuschend: Die Pyramiden stammen zweifelsfrei aus dem 19. Jahrhundert, lange nach dem Ende der Guanchen-Kultur. Wer zu dieser Zeit solche aufwendigen Bauwerke errichtete und warum sie präzise nach den Sonnenwenden ausgerichtet sind, ist bis heute ungeklärt; möglicherweise spielen die Freimaurer eine Rolle. Zu Heyerdahls Theorie vom vorgeschichtlichen transatlantischen Kulturaustausch können die Pyramiden jedenfalls nichts beitragen – die archäologische Sensation, als die sie gelegentlich verkauft werden, sind sie leider nicht.

Heute sind die Pyramiden in einen archäologischen Themenpark eingebunden, zu dem auch ein Museum gehört. Es hat nicht nur die Pyramiden selbst, sondern Heyerdahls gesamtes Theoriegebäude zum Thema. Die Ausstellung ist ansprechend, sachlich und sehr informativ konzipiert und kommt ohne Showeffekte aus. Das Außengelände wird durch einen kleinen botanischen Garten und Informationen über die Geschichte der kanarischen Bevölkerung ergänzt. Alles ist sehr schön angelegt, allerdings bleibt der Eindruck, dass hier versucht wurde, eine mäßig interessante Sehenswürdigkeit mit allerhand nicht wirklich dazu gehörenden Informationen aufzupeppen, um den recht hohen Eintrittspreis zu rechtfertigen. Für einen ebenfalls üppigen Aufpreis kann man zusätzlich noch eine Ausstellung über die Kultur der Osterinsel sowie einen botanischen Garten mit giftigen Pflanzen besuchen. Diese Zusatzinvestition lohnt sich allerdings nur, wenn man ein besonderes Interesse für diese Themen hat.

**Wie man hinkommt**

*Der Park befindet sich am nördlichen Rand vom Güímar, die Zufahrt ist beschildert. Die wenigen Parkplätze direkt am Eingang sind meistens belegt; knapp 300 Meter weiter nördlich gibt es einen größeren Parkplatz. Ohne Auto kommt man mit einem Busausflug am einfachsten hin. Mit dem Linienbus: Linien 120, 121 oder 124 ab Santa Cruz.*

*Täglich 9:30-18:00 Uhr. Erwachsene 11,00 €, Studenten bis 25 7,65 €, Kinder von 9-12 5,50 € (nur Pyramiden und Museum). Mit Zusatzausstellungen 18,00/12,15/5,50 €.*

*www.piramidesdeguimar.es, Tel. 0034 922 514 510*

*GPS-Wegpunkt 16: 28,32097 -16,41392*

## *Thema:* Die Guanchen

Als die Spanier während des 15. Jahrhunderts die Kanaren in Besitz nahmen, trafen sie dort auf die zwar steinzeitliche, aber komplex organisierte Kultur der kanarischen Ureinwohner, der Guanchen. Wann die Inseln von diesen Menschen besiedelt wurden und woher sie kamen, ist bis heute nicht zweifelsfrei geklärt. Die am häufigsten vertretene Theorie geht davon aus, dass sie zwischen 2500 und 500 vor Christus von Nordafrika aus auf die Kanaren kamen und zu den dort lebenden Berbervölkern gehörten.

Die Guanchen lebten in einer steinzeitlichen Kultur, sie kannten keine Schrift und keine Metallverarbeitung. Da sie auch die Schifffahrt nicht beherrschten, gab es keinen Austausch zwischen den verschiedenen Inseln. Ihre Ernährung basierte in erster Linie auf Weidewirtschaft mit Ziegen, Schafen und Schweinen sowie Getreideanbau, in geringem Maß ergänzt durch Fischfang. Die Herstellung von Gefäßen und anderen Gegenständen aus Keramik war weit verbreitet, eine große Zahl davon ist bis heute erhalten geblieben.

Ihre Gesellschaft war keineswegs egalitär, es gab vielmehr strenge Hierarchien: Eine zahlenmäßig geringe Oberschicht, dem europäischen Adel vergleichbar, herrschte über eine breite Unterschicht, die die Produktivarbeit leistete. An der Spitze standen Stammesführer, die Menceyes. Dieses Amt war den Männern vorbehalten. Davon abgesehen war die gesellschaftliche Stellung der Frauen aber recht hoch: Es gibt Überlieferungen, die von Priesterinnen, Heilerinnen und sogar Richterinnen von beträchtlicher Macht berichten.

Die religiösen Vorstellungen der Guanchen lassen sich heute nur noch schwer nachvollziehen. Man kann aber davon ausgehen, dass es einen einzelnen höchsten Gott gab, der auf Teneriffa Achamán genannt wurde. Markante Gipfel und Felsen waren heilige Orte, an denen man mit Opferzeremonien Kontakt zu ihm aufnahm. Dabei wurden vermutlich Nahrungsmittel wie Milch und Honig geopfert. Zu den Besonderheiten des Totenkults gehört die Mumifizierung von Leichen, die aber der gesellschaftlichen Oberschicht vorbehalten war. Einige Mumien sind erhalten geblieben und im Museo de la Naturaleza y el Hombre in Santa Cruz zu sehen (➤ Seite 43).

Schon während der Antike wurden die Kanaren immer wieder von europäischen Seefahrervölkern wie etwa den Phöniziern besucht. Sie alle siedelten sich aber nicht dauerhaft an und hinterließen keine Spuren, historische Fakten und Legenden sind heute kaum voneinander zu trennen. Erst die Spanier begannen ab Anfang des 15. Jahrhunderts mit der Eroberung der Inseln. Dabei trafen sie auf den Widerstand der zwar waffentechnisch unterlegenen, aber recht zahlreichen und hervorragend organisierten Guanchen. Über fast das gesamte 15. Jahrhundert hinweg unterwarfen spanische Truppen in langen Kriegen eine Insel nach der anderen. Auf Teneriffa dauerte die Eroberung von 1494 bis 1496.

Die Guanchen erlitten das übliche Schicksal der von Europäern unterworfenen Völker: Wer nicht in den Kriegen schon ums Leben gekommen war, wurde zwangschristianisiert und versklavt. Nur diejenigen, die sich während der Eroberung kooperativ gezeigt hatten, durften auf eine bessere Behandlung hoffen. Viele Guanchen wurden nach Europa verschleppt, die übrigen in die Gesellschaft der Spanier integriert. Ihre Kultur ging fast vollständig verloren und lässt sich nur mühsam anhand archäologischer Funde und einiger weniger Überlieferungen spanischer Chronisten rekonstruieren.

Heute wird das Erbe der Guanchen als elementarer Bestandteil der kanarischen Kultur betrachtet und in großen Ehren gehalten. Viele Kanarier führen ihre eigene Abstammung mit Stolz auf die Guanchen zurück, und an einigen Orten werden die letzten Menceyes mit monumentalen Standbildern gewürdigt.

*In Candelaria wurden die letzten Menceyes in Bronze verewigt.*

## Santa Cruz de Tenerife

Der erste Eindruck, den die Inselhauptstadt Santa Cruz de Tenerife bietet, ist nicht wirklich einladend: Graue Hochhäuser und Wohnblocks bestimmen das Bild, sogar in der Innenstadt. Tatsächlich stammen die meisten Gebäude hier aus dem 20. Jahrhundert, inklusive etlicher Scheußlichkeiten aus den Sechziger- und Siebzigerjahren. Doch hat Santa Cruz auch viele schöne Ecken, und als größte Stadt der Insel mit etwas mehr als 200.000 Einwohnern ist es ein pulsierendes urbanes Zentrum. Die Möglichkeiten für eine Shoppingtour sind klarerweise nirgends besser als hier, das gastronomische Angebot ist groß, und außerdem ist Santa Cruz Teneriffas Kulturzentrum mit hochklassigen Museen. Als Tourist gehört man hier einer unauffälligen Minderheit an, weil die meisten Besucher – wenn überhaupt – nur zu einem kurzen Ausflug kommen. Dabei gibt es durchaus recht viele Hotels; die meisten befinden sich direkt im Zentrum, sind aber eher auf Geschäftsleute als auf Touristen eingestellt.

Santa Cruz ist erst seit 1823 die Hauptstadt Teneriffas, daher gibt es hier kaum repräsentative Gebäude, die älter als 200 Jahre sind. Das 19. Jahrhundert hat einige durchaus bemerkenswerte Bauwerke und mehrere sehr schöne Plätze und Parks hinterlassen, die allerdings ein wenig versteckt sind und sich am besten bei einem ausgedehnten Spaziergang entdecken lassen. Der Mangel an historischen Monumenten wird

**Pflicht oder nicht?**

- •••• *top, unbedingt machen!*
- ••• *sollte man erlebt haben*
- •• *nette Abwechslung*
- • *man versäumt nicht viel*

*Santa Cruz gehört sicherlich nicht zu den Orten, die man unbedingt gesehen haben muss – dazu ist der Bestand an historischer Architektur zu dürftig. Für Urbanität, Kultur und Shopping ist die Hauptstadt aber in jedem Fall die erste Adresse!*

*Mit den vielen Parks ist Santa Cruz eine recht grüne Stadt.*

durch hochklassige moderne Architektur ausgeglichen: International angesehene Stararchitekten wie Santiago de Calatrava und Herzog & de Meuron haben hier in den letzten 10-15 Jahren eindrucksvolle Bauwerke geschaffen.

Strände gibt es in Santa Cruz nicht; der nächste Badestrand ist die einige Kilometer nordöstlich gelegene Playa de Las Teresitas (➤ Seite 44). Die Küstenlinie im Innenstadtbereich wird durch den Hafen belegt, in dem neben Frachtern auch Kreuzfahrtschiffe vor Anker gehen. Außerdem legen hier die Fähren nach Gran Canaria und zum spanischen Festland ab. Die Stadt öffnet sich zum Hafen hin mit der großzügigen **Plaza de España**. Von 2006 bis 2008 wurde der Platz grundlegend neu gestaltet, seitdem bildet ein großer künstlicher Teich den Mittelpunkt. Die auffällige Säule daneben ist ein 1947 fertiggestelltes Mahnmal für die Opfer des spanischen Bürgerkrieges. Ebenfalls im Stil des spanischen Faschismus ist das 1935-1940 errichtete Gebäude der Inselregierung (Cabildo Insular) gehalten.

An die Plaza de España schließt sich die kleinere **Plaza de la Candelaria** an, die beiden Plätze gehen ineinander über. Hier beginnt die **Calle del Castillo**, die als lebhafte Fußgängerzone die zentrale Achse des Zentrums bildet. An ihrem Ende befindet sich die hübsche **Plaza del General Weyler**, die Ende des 19. Jahrhunderts gestaltet wurde und von einigen schönen Gebäuden aus dieser Epoche umgeben ist. Etwas jünger ist der **Parque García Sanabria**, der in den 1920er-Jahren als größte Parkanlage der Stadt mit zahlreichen Blumenbeeten und exotischen

*Die Plaza Weyler strahlt den Glamour des späten 19. Jahrhunderts aus.*

## Santa Cruz Zentrum

1: Plaza de España
2: Plaza de la Candelaria
3: Calle del Castillo
4: Plaza del General Weyler
5: Parque García Sanabria
6: Plaza de los Patos
7: Nuestra Señora de la Concepción
8: Szeneviertel Nuria
9: Museo de la Nat. y el Hombre
10: TEA (Kunstmuseum)
11: Mercado N. Señora de África
12: Auditorio
13: Castillo de San Juan
14: Parque Marítimo

Bäumen angelegt wurde. Dahinter zieht sich die **Rambla** als großzügiger, baumbestandener Boulevard dahin. Die kreisrunde **Plaza de los Patos** (eigentlich Plaza de 25 de Julio) ist mit ihrem kachelgeschmückten Brunnen und den netten Froschfiguren einer der schönsten Plätze der Stadt, die heutige Gestaltung stammt aus den 1930er-Jahren. Das umgebende Villenviertel **Barrio de los Hoteles** lohnt wegen der zahlreichen großbürgerlichen Häuser aus dem 19. Jahrhundert einen kleinen Rundgang.

Die auffällige Kirche **Nuestra Señora de la Concepción**, die sich ein wenig südlich der Plaza España in der Nähe der Uferstraße befindet, ist eines der wenigen größeren Gebäude, die älter als 200 Jahre sind. Sie wurde im 17. Jahrhundert erbaut und zeigt die typisch kanarische Kolonialarchitektur mit weißer Fassade und Akzenten aus dunklem Gestein. Der repräsentative, etwas überdimensioniert wirkende Turm kam im Jahr 1786 hinzu. Hinter der Kirche befindet sich ein kleines Viertel mit den ältesten Häusern der Stadt, die allerdings durchweg eher bescheiden ausfallen. Dafür hat die Gegend Partypotenzial: Die Calle Antonio Dominguez Alfonso ist das Zentrum des populären Szeneviertels **Nuria**, dessen Bars am Abend immer gut gefüllt sind.

Auf der anderen Seite des (meist trockenen) Flussbetts Barranco de Santos liegen die beiden wichtigsten Museen der Stadt: Das **Museo de**

*Die Plaza de los Patos ist der Mittelpunkt des Barrio de los Hoteles.*

**la Naturaleza y el Hombre** zeigt eine sehr modern und ansprechend konzipierte naturkundliche und archäologische Ausstellung mit Schwerpunkt auf den Kanarischen Inseln. Leider sind alle Erklärungen nur auf Spanisch verfügbar. Wer drei Euro zusätzlich in einen Audioguide investiert, bekommt immerhin eine Zusammenfassung auf Deutsch, der Informationsgehalt bleibt so aber dürftig.

*Nuestra Señora de la Concepción ist die größte Kirche der Stadt.*

Direkt dahinter duckt sich das niedrige, dunkelgraue Gebäude des 2008 eröffneten Kunstmuseums Tenerife Espacio de las Artes, kurz **TEA**. Es zeigt eine hochklassige Sammlung zeitgenössischer Kunst und häufig wechselnde Sonderausstellungen, ist aber schon wegen der Architekur (Herzog & de Meuron) sehenswert. Ein Stück weiter befindet sich der **Mercado Nuestra Señora de África**. Diese an einen orientalischen Basar erinnernde Markthalle passt zum Stil des 19. Jahrhunderts, wurde aber erst 1943 fertiggestellt. Jeden Tag von 6-14 Uhr kann man hier einkaufen – oder auch einfach nur die detailverliebte Ausstattung des Gebäudes bewundern.

## *Tipp:* Stadtrundfahrten in Santa Cruz

In Santa Cruz werden Rundfahrten mit offenen Doppeldeckerbussen angeboten. Ein Audiokommentar (auch auf Deutsch) erläutert die Stadtteile und Gebäude, die gerade passiert werden. Die Tour ist eine recht gute Möglichkeit, einen Überblick über die Stadt zu bekommen, und man sieht auch Dinge, die außerhalb des unmittelbaren Zentrums liegen.

*Die Busse fahren täglich von 10:00 Uhr bis gegen 18:00 Uhr alle 25 Minuten. Ein Ticket kostet 17,00 Euro und ist 24 Stunden gültig, man kann die Fahrt beliebig oft unterbrechen. Keine Reservierung nötig, man geht einfach zu einer Haltestelle (z.B. an der Plaza de España) und zahlt beim Fahrer.*

*www.city-sightseeing.com, Te. 0034 902 101 081*

*Ein Besuch der Markthalle lohnt sich alleine schon wegen der Architektur.*

Das auffälligste moderne Gebäude der Stadt ist das 2003 eröffnete **Auditorio**, das von Santiago Calatrava entworfen wurde. Mit seinen exzentrischen bogenförmigen Elementen ist es ein selbstbewusstes Bekenntnis der Stadt zur modernen Architektur. Es zeigt klassische Konzerte und Theateraufführungen, hat jedoch kein festes Ensemble. Das Mitte des 17. Jahrhunderts erbaute **Castillo de San Juan** wirkt daneben ausgesprochen unauffällig. Es bildet den Übergang zum **Parque Marítimo**; diese Badelandschaft mit mehreren großen Becken in natürlichen Formen wurde in den Neunzigerjahren nach dem Vorbild des Lago Martiánez in Puerto de la Cruz (➤ Seite 71) gestaltet.

**Wie man hinkommt**

*Mit dem Auto steuert man am besten das Parkhaus unter der Plaza de España an, von dort aus hat man das gesamte Zentrum in Gehreichweite. Von Los Cristianos und Costa Adeje fahren die Buslinie 111 und der Expressbus 110 alle 30 Minuten nach Santa Cruz, von Puerto de la Cruz die Linien 101 und 103 (Expressbus). Der zentrale Busbahnhof befindet sich etwas südlich des Zentrums an der Avenida Tres de Mayo. Mit Teneriffas einziger Straßenbahn kommt man direkt ins Zentrum von La Laguna.*

***Museen in Santa Cruz:***

*Museo de la Naturaleza y el Hombre, Calle Fuente Morales*
*www.museosdetenerife.org, Tel. 0034 922 535 816*

*Di-Sa 9:00-20:00 Uhr, So und Mo 10:00-17:00 Uhr. Eintritt 5,00 €, Studenten und Rentner 2,50 €. Fr und Sa ab 16:00 Uhr freier Eintritt.*

*TEA, Avenida de San Sebastián 10*
*www.teatenerife.es, Tel. 0034 922 849 057*

*Di-So 10:00-20:00 Uhr, Mo geschlossen. Eintritt 5,00 €, bis 25 und über 65 Jahre 1,00 €, Kinder bis 12 kostenlos.*

**GPS-Wegpunkte**

| | | | |
|---|---|---|---|
| Plaza de España | SCR01 | 28,46737 | -16,24761 |
| Plaza de la Candelaria | SCR02 | 28,46685 | -16,24841 |
| Calle del Castillo | SCR03 | 28,46703 | -16,25080 |
| Plaza Weyler | SCR04 | 28,46772 | -16,25570 |
| Parque García Sanabria | SCR05 | 28,47206 | -16,25365 |
| Plaza de los Patos | SCR06 | 28,47057 | -16,25580 |
| Nuestra Señora de la Concepción | SCR07 | 28,46449 | -16,24928 |
| Szeneviertel Nuria | SCR08 | 28,46495 | -16,25040 |
| Museo de la Nat. y el Hombre | SCR09 | 28,46390 | -16,24940 |
| Kunstmuseum TEA | SCR10 | 28,46399 | -16,25152 |
| Mercado N. Señora de África | SCR11 | 28,46339 | -16,25184 |
| Busbahnhof | SCR12 | 28,45912 | -16,25254 |
| Auditorio | SCR13 | 28,45638 | -16,25182 |
| Castillo de San Juan | SCR14 | 28,45543 | -16,25234 |
| Parque Marítimo | SCR15 | 28,45419 | -16,25418 |

## Playa de Las Teresitas

Einige Kilometer nördlich von Santa Cruz befindet sich einer der schönsten Strände Teneriffas, die Playa de Las Teresitas. Fast 1,2 Kilometer feinster heller Sand im Schatten tropischer Palmen, im Hintergrund zieht sich das Fischerdörfchen San Andrés malerisch den Hang

**Pflicht oder nicht?**

- •••• *top, unbedingt machen!*
- ••• ***sollte man erlebt haben***
- •• *nette Abwechslung*
- • *man versäumt nicht viel*

*Auch wenn der Titel „schönster Strand Teneriffas" vielleicht etwas übertrieben ist: Die Playa de Las Teresitas hat definitiv ihren Reiz, alleine schon wegen des weitgehend einheimischen Publikums!*

*Die zahlreichen Palmen geben dem Strand eine tropische Atmosphäre.*

hinauf – so sehen Traumstrände aus! Wen interessiert es da schon, dass diese Bademeile künstlich angelegt ist? Bis 1973 war hier nur ein felsiger Küstenstreifen; dann kamen vier Millionen Säcke voll Sand aus der Sahara und veränderten alles. Ein paar Palmen dazu, fertig war das Strandparadies. Das Projekt hat sich als ausgesprochen erfolgreich erwiesen: Heute wird die Playa de Las Teresitas oft als der schönste Strand der ganzen Insel bezeichnet, der Blick vom Aussichtspunkt Mirador de Las Teresitas ziert Postkarten und Buchtitel.

Ein Wellenbrecher schützt vor der Brandung, und das Wasser ist so flach, dass es auch für kleine Kinder geeignet ist. Es gibt einen Rettungsdienst, mehrere Kioske, Sonnenschirm- und Liegenverleih sowie Duschen. Weit weg von den Urlaubsgebieten, gehört dieser Strand fast ausschließlich den Einheimischen, Touristen sind eine kleine Minderheit. Die Playa de Las Teresitas ist nur rund 10 Kilometer vom Zentrum der Inselhauptstadt entfernt und daher natürlich ein beliebtes Freizeitziel, nicht nur am Wochenende geht es hier ziemlich lebhaft zu. Dass im Hintergrund riesige Frachtschiffe manövrieren, weil um die Ecke ein großer Industriehafen ist, gibt der ganzen Sache eine besondere Note. Aber auch wenn das Paradies nicht perfekt ist: Für den Abschluss eines Ausflugs in den Norden Teneriffas ist dieser Strand in jedem Fall ein schönes Ziel!

*Der Blick vom Aussichtspunkt ist ein beliebtes Motiv.*

**Wie man hinkommt**

*Die Playa de Las Teresitas befindet sich direkt nördlich von San Andrés. Der Weg ist ab Santa Cruz zunächst nach San Andrés und dann nach „Las Teresitas“ beschildert. Direkt am Strand gibt es einen großen, kostenlosen Parkplatz. Der Aussichtspunkt befindet sich an der Straße Richtung Igueste de San Andrés. Mit dem Bus: Linie 910 alle 10-20 Minuten ab Busbahnhof Santa Cruz über Plaza de España.*

*GPS-Wegpunkt 17: 28,50781 -16,18782*

## La Laguna

San Cristóbal de La Laguna, meistens nur La Laguna genannt, ist die älteste Stadt Teneriffas und war lange Zeit die Hauptstadt der Insel. Die Stadtgründung auf der fruchtbaren Hochebene südlich des Anaga-Gebirges fand bereits 1496 statt, direkt nach der Eroberung Teneriffas durch die Spanier. 1701 entstand hier die erste Universität der Kanaren, und über Jahrhunderte war La Laguna das geistige und kulturelle Zentrum Teneriffas. Nachdem 1823 der Status der Hauptstadt an das benachbarte und heute deutlich größere Santa Cruz übergegangen war, verlor La Laguna an Bedeutung und entwickelte sich zu einer mittelgroßen Stadt. Heute leben hier rund 150.000 Menschen, davon sind etwa ein Sechstel Studenten.

**Pflicht oder nicht?**

- ●●●● *top, unbedingt machen!*
- ●●● *sollte man erlebt haben*
- ●● *nette Abwechslung*
- ● *man versäumt nicht viel*

*La Laguna muss man in jedem Fall gesehen haben: Nirgendwo sonst auf Teneriffa gibt es ein so schönes Stadtbild und so viel Geschichte in Verbindung mit einer sehr angenehmen urbanen Atmosphäre!*

Wer zwischen 1500 und 1800 Geld und Macht hatte auf Teneriffa, lebte vorzugsweise in La Laguna. Die Geistlichkeit etablierte sich hier mit einer Reihe bedeutender Klöster, außerdem ist die Stadt seit 1819 Bischofssitz. So entstand über die Jahrhunderte eine große Zahl repräsentativer Gebäude in typisch kanarischer Architektur, von denen ein großer Teil erhalten geblieben ist: Das historische

*Die Zeit als Hauptstadt hat eine große Zahl historischer Gebäude hinterlassen.*

Zentrum ähnelt heute einem Museum, und wer einmal mit dem Fotografieren beginnt, kann nur schwer wieder aufhören. Aber auch die lebhafte und gleichzeitig entspannte Atmosphäre trägt dazu bei, dass der oft gehörte Titel „schönste Stadt Teneriffas" absolut berechtigt ist.

La Laguna liegt ungefähr 550 Meter über dem Meer. Dadurch ist es hier oft recht kühl, auch kommen Wolken und Regen deutlich häufiger vor als im Süden Teneriffas. Touristen kommen daher meistens nur zu kurzen Ausflügen und verlieren sich zwischen der einheimischen Bevölkerung. Da die Stadt nie eine touristische Destination war, ist ihr manche städtebauliche Entgleisung erspart geblieben. In den letzten Jahren hat man hier allerdings viel getan, um Besuchern das reiche kulturelle Erbe nahezubringen: An allen wichtigen historischen Gebäuden – das sind nicht nur Kirchen und Klöster, sondern auch viele Privatgebäude vermögender Familien aus dem 16. bis 19. Jahrhundert – befinden sich Tafeln mit kurzen Erklärungen auf Spanisch, Englisch und Deutsch. Täglich von Montag bis Freitag gibt es kostenlose Stadtführungen, bei denen man von sehr engagierten Personen bei einem kleinen Rundgang eine Menge über die Geschichte der Stadt erfährt und auch einen Blick in Gebäude werfen kann, die normalerweise nicht öffentlich zugänglich sind (➤ Seite 53).

*Das historische Zentrum mutet heute wie ein Museum an.*

Die langen, geraden und recht breiten Straßen verraten, dass es sich um eine am Reißbrett geplante Stadt handelt. Diese Anlage war Vorbild für zahlreiche später entstandene spanische Kolonialstädte in Lateinamerika. Es gab hier auch nie eine Stadtmauer – da Teneriffa zur Zeit der Stadtgrün-

*Die lebhafte Atmosphäre trägt viel zum Charme der Stadt bei.*

**La Laguna Zentrum**

1: Plaza del Adelantado
2: Rathaus
3: Convento de Santa Catalina
4: Casas Consistoriales
5: Kathedrale
6: Teatro Leal
7: Plaza de la Concepción
8: Iglesia de la Concepción
9: Convento de San Agustín
10: Igl. N. Señora de los Dolores
11: Casa Salazar
12: Museo de la Historia
13: Monasterio San Juan Bautista
14: Mercado Municipal
15: San Francisco

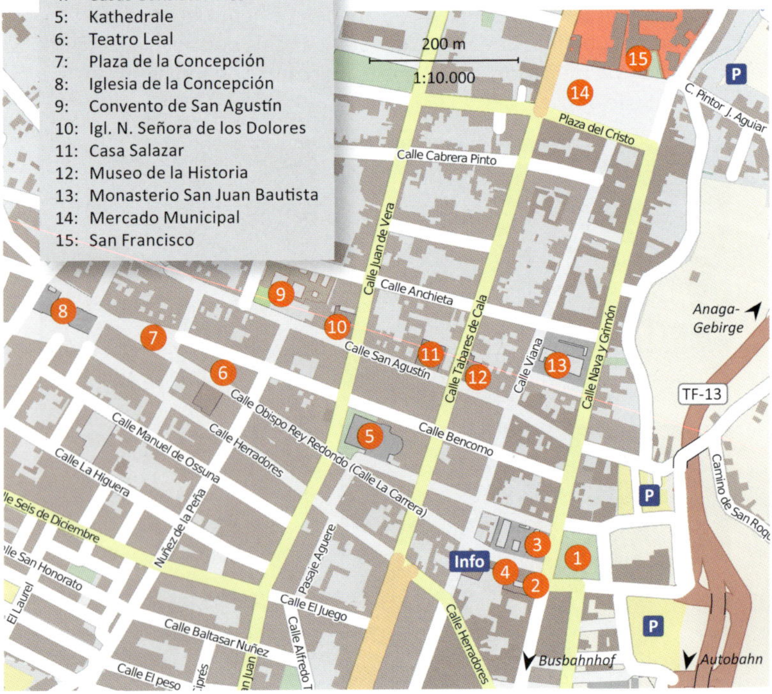

dung schon völlig unter spanischer Kontrolle stand, hielt man solche Verteidigungsanlagen für unnötig. Und tatsächlich hat La Laguna in all den Jahrhunderten niemals Krieg oder Plünderungen erleben müssen. Dies ist einer der Gründe dafür, dass der historische Stadtkern bis heute so reichhaltig und vollständig erhalten ist, dass er 1999 von der UNESCO zum Weltkulturerbe erklärt wurde.

Ein guter Ausgangspunkt für einen Rundgang ist die **Plaza del Adelantado**. Der mit einem Brunnen und zahlreichen Bäumen hübsch ausgestattete Platz war früher das Zentrum der Stadt und ist daher von repräsentativen historischen Bauwerken umgeben. Das auffälligste ist das **Rathaus** mit seiner neoklassizistischen Fassade von 1822, ursprünglich war es das Gebäude der Inselregierung. Das Gebäude des **Convento de Santa Catalina de Siena** aus dem 17. Jahrhundert nimmt sich dagegen sehr zurück, mit seinen langen, fensterlosen Mauern wirkt das Kloster wie eine Festung. Tatsächlich ging es in gewissem Sinn darum, die Außenwelt abzuwehren, denn die hier beheimateten Dominikanernonnen lebten in strenger Klausur. Dies ist auch der Grund für den eigenartigen hölzernen Turmaufsatz mit den vergitterten Öffnungen: Diese in arabischer Tradition stehende Anlage, Ajimez genannt, sollte es den Nonnen ermöglichen, einen Blick auf die Straßen zu werfen, ohne selbst gesehen zu werden. Der Konvent wird bis heute von einigen Nonnen bewohnt und ist daher nicht zu besichtigen, nur die unauffällig in die Gesamtanlage integrierte Klosterkirche kann besucht werden (➤ Seite 53).

*Die Plaza del Adelantado war früher das Zentrum der Stadt.*

*Die Casas Consistoriales am Beginn der Calle La Carrera.*

Verlässt man die Plaza del Adelantado durch die Calle Obispo Rey Redondo (die früher **Calle La Carrera** hieß und bis heute meistens so genannt wird), kommt man an drei sehr alten Gebäuden vorbei, die sich an das Rathaus anschließen: Casa del Corregidor, Casa Alhóndiga und Casa de los Capitanes Generales. Sie wurden zwischen dem 16. und dem frühen 18. Jahrhundert in typisch kanarischer Architektur mit farbigen Fassaden und prachtvollen Portalen aus dunklem Vulkangestein erbaut. Heute gehören sie der Stadtverwaltung und werden daher zusammenfassend **Casas Consistoriales** genannt. In der Casa de los Capitanes kann man einen der für diese Epoche typischen Innenhöfe besichtigen. Hier befindet sich auch die Touristeninformation und der Treffpunkt für die Stadtführungen (➤ Seite 53).

*Die Kathedrale ist die größte Kirche der Stadt.*

Entfernt man sich auf der Calle La Carrera weiter von der Plaza del Adelantado, erreicht man die **Iglesia Santa María de los Remedios**, die als Teneriffas Bischofskirche auch **Iglesia Cathedral** genannt wird. Sie geht auf ein 1515 begonnenes Gebäude zurück, erhielt ihre heutige Gestalt aber erst

### *Tipp:* Hotels in La Laguna

In La Laguna gibt es nur zwei Hotels. Beide befinden sich in historischen Gebäuden direkt in der Altstadt und sind mit ihrer geschichtsträchtigen und zugleich noblen Atmosphäre eine reizvolle Option, wenn man etwas tiefer in diese Stadt eintauchen will!

***Hotel Laguna Nivaria**, Plaza del Adelantado 11*
*www.hotelnivaria.com , Tel. 0034 922 264298*
*Doppelzimmer 90-110 Euro*

***Hotel Aguere**, Calle Obispo Rey Redondo (Calle La Carrera) 55*
*www.hotelaguere.es, Tel. 0034 922 259 490*
*Doppelzimmer um 80 Euro*

*GPS-Wegpunkte auf Seite 54*

1820. Derzeit sind umfangreiche Restaurierungsarbeiten in Gang, der Innenraum kann daher nicht besichtigt werden. Einen reizvollen Kontrast zur Kathedrale bildet die opulente Fassade des **Teatro Leal** aus dem Jahr 1915 in der Calle La Carrera 50. Auch die Innenausstattung ist sehr prunkvoll, der Besuch einer Aufführung lohnt sich alleine deswegen schon (Programm unter *www.teatroleal.com* oder Tel. 0034 922 265 433).

*Die opulente Fassade des Teatro Leal.*

Auch in der parallel verlaufenden **Calle San Agustín** gibt es eine Reihe bedeutender und sehr schöner historischer Bauwerke. Mit dem prächtigen Glockenturm ist das Gebäude des ehemaligen Klosters **Convento de San Agustín**, das heute ein Spracheninstitut beherbergt, eines der auffälligsten. Die angeschlossene Kirche Iglesia de San Agustín brannte 1964 vollständig aus und ist seitdem eine Ruine. Direkt nebenan liegt die eher unauffällige **Iglesia Nuestra Señora de los Dolores**. Die **Casa Salazar** aus dem späten 17. Jahrhundert (Calle San Agustín 28) ist mit ihrer Fassade aus dunklem Vulkangestein eines der schönsten Beispiele für den kanarischen Barock. Das Gebäude wurde 2006 durch einen verheerenden Brand teilweise zerstört. Die Fassade wurde aber gerettet, der Innenhof ist inzwischen rekonstruiert und kann besichtigt werden (➤ Seite 53).

Die **Plaza de la Concepción** wird von der zweiten großen Altstadtkirche, der **Iglesia de la Concepción**, beherrscht. Sie ist die älteste Kirche Teneriffas; mit ihrem Bau wurde bereits 1496, kurz nach der Stadtgründung, begonnen. Der auffällige, weithin sichtbare Turm stammt aus dem Jahr

*Die Casa Salazar ist ein schönes Beispiel für den kanarischen Barock.*

1697 und ist das Wahrzeichen der Stadt. Er kann bestiegen werden und bietet eine schöne Aussicht. Die Plaza de la Concepción ist das lebhafte Zentrum La Lagunas und mit ihren Straßencafés ein schöner Ort, um etwas Zeit zu verbummeln. Möglichkeiten zum Einkaufen finden sich in der anschließenden Calle La Carrera.

Der interessanteste Teil der Altstadt – und die Zone, die man in jedem Fall gesehen haben muss – ist das Dreieck zwischen Plaza del Adelantado, Calle La Carrera, Plaza de la Concepción und Calle San Agustín. Ein Stück außerhalb dieses Kerngebiets lohnt das **Monasterio de San Juan Bautista** (oder Convento de Santa Clara) an der Calle Viana einen Besuch. Dieses Franziskanerinnenkloster geht auf das 16. Jahrhundert zurück, das heutige Gebäude wurde um 1700 errichtet. Es trägt einen Ajimez, einen hölzernen Turmaufsatz, ähnlich wie der Convento de Santa Catalina. Die Besichtigung der Kirche (Eingang in der Calle La Palma) ist im Sammelticket-Paket enthalten (➤ Seite 53).

Noch ein Stück weiter in Richtung Norden – schon etwas außerhalb des historischen Zentrums – befindet sich an der Plaza de San Francisco der **Mercado Municipal**. Das Gebäude der städtischen Markthalle ist ziemlich hässlich, innen gibt es aber täglich von 7-15 und von 17-20 Uhr einen reizvollen, üppig ausgestatteten Markt, auf dem sich die Einheimischen mit Lebensmitteln und anderen Dingen des täglichen Bedarfs versorgen. Neben der Halle liegt das ehemalige Kloster **San Francisco** mit seiner kleinen Kirche.

*Der Turm der Iglesia de la Concepción ist das Wahrzeichen der Stadt.*

## *Tipp:* Besichtigungen und Führungen in La Laguna

Das **Museo de la Historia de Tenerife** in der Casa Lercaro zeigt eine sehenswerte Ausstellung über die Geschichte La Lagunas und Teneriffas nach der spanischen Eroberung mit vielen historischen Dokumenten und alten Gebrauchsgegenständen. Die Erklärungen in der Ausstellung sind nur auf Spanisch, man bekommt aber an der Kasse eine Mappe mit einer kompletten deutschen Übersetzung. Der Besuch ist außerdem eine der wenigen Möglichkeiten, ein Gebäude aus dem späten 16. Jahrhundert von innen zu sehen.

*Casa Lercaro, Calle San Agustín 22*
*So und Mo 10:00-17:00 Uhr, alle übrigen Tage 9:00-20:00 Uhr*
*Eintritt 5,00 €, Studenten und Personen ab 65 2,50 €*
*www.museosdetenerife.org, Tel. 0034 922 825 949*

Der Eintritt zum Turm der **Iglesia de la Concepción** kostet 1,00 Euro, der Eintritt zum Kirchenschiff noch einmal dasselbe. Besser ist es, im Ticketbüro am Turm (nicht am Eingang der Kirche) das **Sammelticket** für 3,00 Euro zu kaufen. Es ermöglicht den Eintritt zum Turm, zur Kirche und darüber hinaus noch zum Innenhof der Casa Salazar sowie zu den Klosterkirchen Santa Catalina und San Juan Bautista. So ergibt sich ein spannender Rundgang zu den wichtigsten Sakralbauwerken! Man erklärt Ihnen an der Kasse, wo sich die Gebäude befinden.

Unbedingt empfehlenswert sind auch die kostenlosen **Stadtführungen**, die von der Stadtverwaltung angeboten werden. Rundgänge in deutscher Sprache finden täglich von Montag bis Freitag am späten Vormittag statt (die Zeiten variieren je nach Verfügbarkeit der Führer).

*Treffpunkt ist die Touristeninformation in der Casa de los Capitanes, dort (oder unter Tel. 0034 922 631 194) erfahren Sie auch die genaue Zeit für den jeweiligen Tag. Es genügt, sich kurz vor Beginn anzumelden; nur für Gruppen ab 10 Personen ist eine Vorabreservierung nötig.*

**Wikipedia** hält ausführliche Informationen auf Deutsch bereit:

*http://de.wikipedia.org/wiki/San_Cristobal_de_La_Laguna*

Wie man hinkommt

***Mit dem Auto:*** *Sie erreichen das Zentrum am besten über die Autobahnausfahrt 8A und die anschließende TF-13 (der Weg über die auf der Karte logischer erscheinende Ausfahrt 9 ist umständlich). Große Parkplätze gibt es direkt südlich und nordöstlich der Plaza del Adelantado. Falls dort nichts frei ist, kann man es in der Calle Pintor José Aguiar (um die Ecke von der Markthalle) versuchen. Alle drei Parkplätze sind kostenlos; manchmal trifft man auf inoffizielle Einweiser, die sich über ein Trinkgeld freuen.*

***Mit öffentlichen Verkehrsmitteln:*** *La Laguna und Santa Cruz sind durch die einzige Straßenbahnlinie Teneriffas miteinander verbunden. Aus Richtung Costa Adeje/Los Cristianos muss man in Santa Cruz am Busbahnhof (Intercambiador) in die Straßenbahn oder die Buslinien 101 oder 102 umsteigen. Mit Puerto de la Cruz stellt die Expresslinie 102 eine Direktverbindung her. Der Busbahnhof befindet sich etwa 1 km südlich des Zentrums, nahe der Autobahn TF-5.*

*Bei der* ***Touristeninformation*** *in der Casa de los Capitanes (Calle de La Carrera) bekommt man einen sehr nützlichen kostenlosen Stadtplan, außerdem gibt es hier eine öffentliche Toilette.*

GPS-Wegpunkte

| | | | |
|---|---|---|---|
| Plaza del Adelantado | LAG01 | 28,48748 | -16,31347 |
| Rathaus | LAG02 | 28,48711 | -16,31393 |
| Convento de Santa Catalina | LAG03 | 28,48756 | -16,31381 |
| Casas Consistoriales | LAG04 | 28,48743 | -16,31443 |
| Kathedrale | LAG05 | 28,48894 | -16,31654 |
| Teatro Leal | LAG06 | 28,48945 | -16,31812 |
| Convento de San Agustín | LAG07 | 28,49052 | -16,31765 |
| Igl. Nuestra Señora de los Dolores | LAG08 | 28,49002 | -16,31660 |
| Casa Salazar | LAG09 | 28,48964 | -16,31543 |
| Museo de la Historia | LAG10 | 28,48947 | -16,31487 |
| Plaza de la Concepción | LAG11 | 28,49008 | -16,31910 |
| Iglesia de la Concepción | LAG12 | 28,49050 | -16,32027 |
| Monasterio de San Juan Bautista | LAG13 | 28,48953 | -16,31385 |
| Mercado Municipal | LAG14 | 28,49285 | -16,31319 |
| Parkplatz 1 | LAG15 | 28,48654 | -16,31266 |
| Parkplatz 2 | LAG16 | 28,48820 | -16,31253 |
| Parkplatz 3 | LAG17 | 28,49283 | -16,31151 |
| Busbahnhof | LAG18 | 28,48032 | -16,31705 |
| Hotel Nivaria | LAG19 | 28,48708 | -16,31326 |
| Hotel Aguere | LAG20 | 28,48948 | -16,31826 |

## *Tipp:* Semana Santa de La Laguna

La Laguna war schon immer das religiöse Zentrum Teneriffas. Dementsprechend werden geistliche Feierlichkeiten hier mit mehr Aufwand abgehalten als irgendwo sonst auf der Insel. Vor allem die Semana Santa, die „heilige Woche" (also die Karwoche) vor Ostern wird mit einer dichten Folge von Messen und Prozessionen gewürdigt.

Den eindrucksvollen Höhepunkt bilden die aufwendigen und sehr prunkvollen Prozessionen am „Viernes Santo", dem Karfreitag: Prächtig geschmückte Wagen mit teilweise sehr alten Kreuzen, Statuen und geschnitzten Figurengruppen werden durch die Straßen bewegt, begleitet von Männern, die in unheimliche Spitzkapuzen gehüllt sind. Die Atmosphäre ist von ernster Feierlichkeit geprägt. Der Karfreitag beginnt mit der Procesión de Madrugada um drei Uhr – aber nicht am Nachmittag, sondern nachts! Später am Tag folgt die besonders prunkvolle Procesión Magna, die „große Prozession", und am Abend die schweigende Procesión del Silencio, die „Prozession der Stille".

*Die prunkvollen Prozessionen sind von feierlichem Ernst geprägt.*

*In der Woche vor Ostern. Details über Zeitplan und Verlauf der Prozessionen bei der Touristeninformation in der Casa de los Capitanes (Tel. 0034 922 631 194). Weitere Informationen auf Spanisch unter www.semanasantadelalaguna.com.*

## Anaga-Gebirge

Das kleine Anaga-Gebirge am äußersten nordöstlichen Ende Teneriffas ist eine außergewöhnliche Landschaft: Eine ständige Wolkendrift hat hier einen urtümlichen Wald am Leben erhalten, der zu den ganz großen Natursehenswürdigkeiten der Insel gehört! Im Gebiet um die Kanaren weht die meiste Zeit über ein sanfter, beständiger Wind aus Richtung Nordosten, der Passat. Er treibt feuchte Luft auf die Insel zu, die sich an den steilen, bis zu 1024 Meter hohen Nordhängen des Anaga-Gebirges staut und dabei Wolken bildet. Daher ist diese Gegend deutlich feuchter als der Rest der Insel: Hier fällt fünfmal so viel Regen wie an der Südküste!

Pflicht oder nicht?

●●●● *top, unbedingt machen!*
●●● *sollte man erlebt haben*
●● *nette Abwechslung*
● *man versäumt nicht viel*

*Mit dem Lorbeerwald ist das Anaga-Gebirge eine der schönsten und bemerkenswertesten Landschaften Teneriffas. Eine Rundfahrt oder eine Wanderung ist ein außergewöhnliches Erlebnis, das man auf keinen Fall versäumen darf!*

Die ständige Zufuhr von Feuchtigkeit ist die Grundvoraussetzung für das Gedeihen des Laurisilva, des Lorbeerwalds. Dieser dichte, immergrüne Wald besteht aus 18 verschiedenen Baumarten, darunter Lorbeerbäume und baumförmige Heidegewächse. Viele dieser Pflanzen sind endemisch und kommen nur auf den Kanaren vor. Bis zur letzten Eiszeit bedeckten solche Wälder weite Teile Südeuropas, heute sind sie auf

*Ein typisches Anaga-Panorama mit steilen, dicht bewaldeten Hängen.*

kleine Vorkommen auf verschiedenen Atlantikinseln beschränkt. Auf Teneriffa gibt es den Laurisilva nur hier im Anaga-Gebirge, wo er die gesamte obere Höhenzone bedeckt. Nach der Ortschaft Las Mercedes wird er auch „Mercedeswald" genannt. Weitere Lorbeerwald-Bestände sind auf den benachbarten Kanareninseln La Palma, La Gomera und El Hierro sowie auf Madeira und den Azoren zu finden.

Die Stämme dieser Bäume bleiben recht dünn und wachsen in knorrigen, verschlungenen Formen. Sie werden von zahlreichen weiteren feuchtigkeitsliebenden Pflanzen, vor allem Farnen und Moosen, begleitet. Der Laurisilva ist ein ausgesprochen artenreiches Ökosystem, allerdings sehen sich die meisten Pflanzen so ähnlich, dass sie nur für Experten auseinanderzuhalten sind. Oft ziehen die dichten Nebelschwaden der Passatwolken durch die

*Der Laurisilva ist ein ausgesprochen vielfältiges Ökosystem.*

üppige Pflanzengesellschaft. Das dann von den Blättern tropfende Kondenswasser ist eine wichtige Ergänzung des Regens, ohne die der Lorbeerwald nicht existieren könnte. Daher bedeckt er nur die Hochlagen des Gebirges; in den tieferen, unterhalb der Wolken liegenden Zonen ist die Feuchtigkeit für dieses anspruchsvolle Ökosystem nicht ausreichend. Auf der Nordseite zieht sich der Laurisilva bis in eine Höhe von etwa 600 Metern hinunter, um dort durch eine andere Pflanzengesellschaft mit Wacholder- und Ölbaumgewächsen abgelöst zu werden. Noch weiter unten folgt eine waldlose Landschaft mit ähnlichen Pflanzen wie in den anderen Gegenden Teneriffas. Auf der wolkenabgewandten und daher trockeneren Südseite endet die Lorbeerwaldzone deutlich höher.

*Über die Kammstraße ist das Gebirge leicht zugänglich.*

**Anaga-Gebirge**

1: Mirador de las Jardinas
2: Cruz del Carmen
3: Pico del Inglés
4: El Bailadero
5: Playa de San Roque
6: Playa de Benijo
7: Playa de Las Teresitas

Das üppige Grün bildet einen reizvollen Kontrast zu den übrigen, oft sehr kargen Landschaften Teneriffas, und wenn Nebelschwaden die dichte Vegetation durchwehen, kommt der Laurisilva unserer Vorstellung von einem verwunschenen Märchenwald ausgesprochen nah. Daher ist das Anaga-Gebirge ein beliebtes Ausflugsziel, zumal man den interessantesten Teil schon bei einer Rundfahrt mit dem Auto erleben kann: Eine rund 25 Kilometer lange kurvige Straße führt den Kamm des Gebirges in einer Höhe um 700 bis 900 Meter entlang und macht die dicht bewaldeten Hochlagen leicht zugänglich.

*Ein Netz von uralten Wegen durchzieht den Wald.*

Archäologische Funde beweisen, dass das Anaga-Gebirge bereits von den kanarischen Ureinwohnern, den Guanchen (➤ Seite 36), besiedelt wurde. Auch in den Jahrhunderten nach der spanischen Eroberung schätzte man die hohe Fruchtbarkeit dieser Gegend und baute auf kleinen Terrassenfeldern Zuckerrohr und später Wein an. Allerdings war das Leben in dieser von steilen Hängen und tiefen Schluchten geprägten Landschaft nicht einfach. Das Anaga-Gebirge gehörte die meiste Zeit hindurch zu den abgelegensten Gegenden Teneriffas. Und das ist noch nicht lange her:

**Wanderungen**

**1 Las vueltas de Taganana**
*Technik* ●●●○○
*Kondition* ●●●○○
➤ *Seite 127*

**2 Zum Cabezo del Tejo**
*Technik* ●●○○○
*Kondition* ●●○○○
➤ *Seite 131*

**3 Große Anaga-Küstenrunde**
*Technik* ●●●○○
*Kondition* ●●●○○
➤ *Seite 134*

**4 Gratwanderung über Chamorga**
*Technik* ●●●○○
*Kondition* ●●○○○
➤ *Seite 139*

Erst in den Sechzigerjahren wurden hier die ersten Straßen gebaut, die Dörfer unten am Hang wurden sogar erst um 1970 an das Straßennetz angeschlossen und waren bis dahin nur auf steilen Fußpfaden erreichbar! Diese historischen Wege bilden ein dichtes Netz, das die Dörfer untereinander und mit den Handelszentren La Laguna und Santa Cruz verband. Heute bieten sie zahlreiche Möglichkeiten für eindrucksvolle und erlebnisreiche Wanderungen: Das Anaga-Gebirge ist neben dem Teide-Nationalpark (➤ Seite 90) eines der beiden Top-Wandergebiete Teneriffas, allerdings sind die meisten Touren durch die großen Höhendifferenzen recht anspruchsvoll.

Aber schon eine Fahrt über die Kammstraße mit ihren vielen Aussichtspunkten ist ein Erlebnis! Die meisten Besucher machen einen ersten Stopp am **Mirador de las Jardinas**, der mit seiner exponierten Lage in einer Linkskurve einen schönen Blick Richtung La Laguna bietet. Am **Cruz del Carmen** gibt es einen weiteren Aussichtspunkt, ein Restaurant und ein **Besucherzentrum**, in dem man mehr über dieses Gebiet, sein einzigartiges Ökosystem und die traditionelle bäuerliche Kultur erfährt. Die Texte der kleinen Ausstellung sind spanisch, man bekommt aber an der Rezeption eine Mappe mit deutschen Übersetzungen. Draußen am Parkplatz beginnt der „Pfad der Sinne“, ein kurzer Rundweg, der ein Stück durch den Wald führt und dazu anregen soll, diese Gegend mit allen Sinnen wahrzunehmen. Es gibt drei Varianten, die sich in Länge und Schwierigkeit unterscheiden: Die kürzeste ist sogar rollstuhltauglich, die längste führt knapp 1,3 Kilometer (Gehzeit 20-

*Der Pico del Inglés bietet die beste Aussicht.*

25 Minuten) mäßig steil über einen einfachen Weg. Auch wenn man nicht gerne wandert, sollte man diese kleine Runde nicht auslassen: Sie ist sehr schön und ansprechend aufbereitet und ermöglicht einen guten Eindruck von dieser einzigartigen Landschaft!

*Der „Pfad der Sinne" ist eine einfache, kurze Runde durch den Laurisilva.*

Den schönsten Blick bietet der Mirador am **Pico del Inglés**, der rund 980 Meter hoch liegt. Unten am Meer sieht man die Hauptstadt Santa Cruz. Von dort aus zieht sich ein dicht besiedeltes Gebiet die sanften Hänge nach Westen hinauf und geht in das benachbarte La Laguna über. Bei günstigem Wetter ist im Hintergrund der Teide zu sehen. Oft kann man hier die Wolkendrift quasi hautnah erleben, wenn die Wolken als nebliger Wind direkt über den Weg treiben.

Es lohnt sich, vom Pico del Inglés zumindest noch bis zur Kreuzung El Bailadero weiterzufahren. Von hier aus kurvt eine schmale Straße hinunter nach Taganana und weiter zu den an der Küste gelegenen Dörfern Almáciga und Benijo. Dieser Abstecher führt zu zwei recht hübschen Stränden, der **Playa de San Roque** (oder Playa del Roque de Las Bodegas) und der **Playa de Benijo**. Mit ihrer herben, etwas nordisch anmutenden Atmosphäre und der oft kräftigen Brandung sind sie keine Traumstrände, aber doch eine

*Die Playa de San Roque hat eine etwas herbe Anmutung.*

schöne Ergänzung für einen Anaga-Ausflug. Da auch die Einheimischen am Wochenende gerne hierher kommen, gibt es einige kleine Bars und Restaurants.

In Richtung Osten setzt sich die Kammstraße nun sehr schmal als TF-123 noch bis Chamorga fort, dann ist endgültig Schluss. Das rund 500 Meter hoch gelegene Dörfchen ist Ausgangspunkt gleich zweier sehr schöner Wanderungen (➤ Seiten 134 und 139), abgesehen davon lohnt sich der Weg hierher aber nicht besonders. In südlicher Richtung führt von El Bailadero die TF-12 nach San Andrés hinunter – eine reizvolle Option für den Rückweg, denn mit dieser Route kann man den Anaga-Ausflug zu einer Rundfahrt ausbauen und an der Playa de Las Teresitas (➤ Seite 44) ausklingen lassen!

**Wie man hinkommt**

***Mit dem Auto*** *erreicht man das Anaga-Gebirge am besten über La Laguna: Verlassen Sie die Autobahn TF-5 auf der Abfahrt 8A und umfahren Sie das Zentrum von La Laguna auf der TF-13 Richtung Las Mercedes/Anaga. So treffen Sie direkt auf die Kammstraße TF-12. Die Zufahrt zum Mirador Pico del Inglés ist beschildert, alle anderen Aussichtspunkte liegen direkt an der Straße. Alternativ erreichen Sie die Kammstraße von San Andrés aus, allerdings ist diese Zufahrt eher mühsam und nicht so schön. Achtung: Im gesamten Anaga-Gebiet gibt es keine Tankstellen!*

***Mit dem Bus*** *ist das Anaga-Gebirge von La Laguna aus mit den Linien 76, 77, 273 und 275 erreichbar. Nach Taganana und Almáciga kommt man nur über Santa Cruz mit der Linie 946. Die Busse fahren nur alle paar Stunden; wenn Sie kein Auto zur Verfügung haben und nicht wandern möchten, ist ein Busausflug die bessere Wahl.*

**Besucherzentrum Cruz del Carmen:** *Im Winter täglich 9:30-16:00 Uhr, im Sommer nur bis 15:00 Uhr. Eintritt kostenlos.*

*Nehmen Sie in jedem Fall etwas* ***Warmes zum Anziehen*** *mit! Wenn Sie in den Nebel geraten, fühlt es sich durch Feuchtigkeit und Wind sehr kühl an, Temperaturen um 10 Grad sind dann völlig normal.*

*GPS-Wegpunkte:*

| | | | |
|---|---|---|---|
| Nr. 18: | Mirador de las Jardinas | 28,52403 | -16,28802 |
| Nr. 19: | Cruz del Carmen | 28,53094 | -16,27990 |
| Nr. 20: | Pico del Inglés | 28,53288 | -16,26395 |
| Nr. 21: | Playa de San Roque | 28,56981 | -16,20442 |
| Nr. 22: | Playa de Benijo | 28,57245 | -16,19194 |

## Punta del Hidalgo

Der kleine Ort Punta del Hidalgo befindet sich abgelegen am Fuß des Anaga-Gebirges, darf sich aber mit einer Handvoll Hotels und Apartmentanlagen zum Kreis der Ferienorte Teneriffas zählen. Und ist davon vielleicht der ruhigste: Die Freizeitangebote bleiben bescheiden, ein Nachtleben wird nicht einmal angedeutet. Einen Sandstrand gibt es nicht, die Küste besteht aus einem unattraktiven grobkiesigen Streifen. Dieser Mangel wird durch ein recht hübsches Brandungsschwimmbad ausgeglichen: Ein großer Pool direkt am Meer wird von den überschwappenden Wellen gefüllt. Man badet also im Meer und zugleich im geschützten Pool – einfach und effektiv! Im einige Kilometer südwestlich gelegenen Bajamar gibt es eine ähnliche Anlage. Das „Piscina natural" von Punta del Hidalgo liegt neben dem Minihafen an der Promenade, die durch ein paar Restaurants belebt wird. In Richtung Norden geht die Promenade in eine breite Schotterpiste über, die sich am Leuchtturm vorbei um das ganze Kap herumzieht.

**Pflicht oder nicht?**

- ●●●● *top, unbedingt machen!*
- ●●● *sollte man erlebt haben*
- ●● *nette Abwechslung*
- ● *man versäumt nicht viel*

*Als reines Ausflugsziel bietet Punta del Hidalgo definitiv zu wenig. Als Standquartier für Touristen mit hohem Ruhebedürfnis ist der Ort aber keine schlechte Wahl!*

**Wanderungen**

**5 Durch den Barranco del Rio**

*Technik* ●●●●○
*Kondition* ●●●●○

➤ *Seite 142*

*Im Brandungsschwimmbad badet man im Meer und zugleich im Pool.*

**Wie man hinkommt**

*Das Schwimmbad („Piscina natural") liegt neben dem Hafen; es kostet keinen Eintritt und ist immer zugänglich. Parkplätze an den Straßen im Ort. Mit dem Bus: Linie 105 alle 30 min ab Santa Cruz über La Laguna. Von/nach Puerto de la Cruz muss man in La Laguna umsteigen.*

*GPS-Wegpunkt 23: 28,56895 -16,33284*

Wenn man Ruhe und Abgeschiedenheit mag, ist das Örtchen mit seiner „Ende der Welt"-Atmosphäre durchaus ein Tipp, außerdem ist es für Wanderungen im Anaga-Gebirge günstig gelegen. Zumal man auch ohne Auto klarkommt: Die Anbindung an das Busnetz ist nicht schlecht, La Laguna, Santa Cruz und Puerto de la Cruz sind gut zu erreichen.

## *Hoteltipp:* Hotel Rural Costa Salada

Das kleine, luxuriöse Landhotel „Costa Salada" befindet sich abgelegen im Norden Teneriffas. Die Gegend ist vom Bananenanbau geprägt, Touristen kommen normalerweise nicht hierher. Das Hotel liegt direkt am Meer; die Küste ist allerdings felsig, einen Strand gibt es nicht. Dafür entschädigt der Pool auf einer aussichtsreichen Terrasse. Das Restaurant ist exzellent und bietet auch eine große Auswahl an vegetarischen und veganen Gerichten an.

An dieser rauen Küste liegt meistens ein salziger Dunst in der Luft, das Brausen des Meeres ist allgegenwärtig. Der perfekte Ort, um zur Ruhe zu kommen, und sehr weit weg vom üblichen Touristenbetrieb!

*Camino La Costa, Finca Oasis, Valle de Guerra. Die Anfahrt ist von der TF-161 in Valle de Guerra aus beschildert.*

*www.costasalada.com, Tel. 0034 922 690 000*

*Standard-Doppelzimmer je nach Saison 80-120 Euro*

*GPS-Wegpunkt 24: 28,54300 -16,38811*

Teil 3

# Puerto und das Valle de Orotava

Das in der Mitte der Nordküste gelegene Puerto de la Cruz ist Teneriffas traditionsreichstes Touristenziel – und eine attraktive Alternative für alle, denen andere Ferienorte zu wenig Stil und Charakter haben. Hier befindet sich aber auch einer der schönsten Tierparks Europas, und nur ein paar Kilometer weiter beeindruckt die historische Handelsmetropole La Orotava mit einem nahezu unbeeinträchtigten Stadtbild aus fünf Jahrhunderten.

## Puerto de la Cruz

Puerto de la Cruz, meistens nur Puerto genannt, ist mit gut 30.000 Einwohnern die größte Stadt an der Nordküste Teneriffas. Und das traditionsreichste Touristenzentrum der Insel: Bereits vor über 120 Jahren kamen die ersten Besucher hierher! Die Anfänge waren allerdings bescheiden: Ursprünglich befand sich hier nur der Hafen der einige Kilometer landeinwärts gelegenen Stadt La Orotava, von dem aus die reichen Erträge der fruchtbaren Gegend nach Europa verschifft wurden. Im 17. und 18. Jahrhundert entwickelte sich der Ort allerdings schnell zu einem bedeutenden Handelsstützpunkt. Viele englische Kaufleute, die den zu dieser Zeit sehr lukrativen Weinhandel mit ihrer Heimat kontrollierten, ließen sich hier nieder.

**Pflicht oder nicht?**

- •••• *top, unbedingt machen!*
- ••• *sollte man erlebt haben*
- •• *nette Abwechslung*
- • *man versäumt nicht viel*

*Mit dem hübschen historischen Zentrum, den attraktiven Bademöglichkeiten und der lebhaften Atmosphäre ist Puerto nicht nur als Urlaubsquartier, sondern auch als Ausflugsziel interessant.*

Die ganz große Zeit von Puerto begann aber erst viel später: Ende des 19. Jahrhunderts entdeckten wohlhabende Europäer, wiederum vor allem Engländer, die Stadt als Urlaubsort. 1892 wurde hier mit dem Grand Hotel Taoro das seinerzeit größte Hotel Spaniens eröffnet, und es wurden sogar schon erste Pauschal-

Der Bauwahn der Pionierzeit hat das Stadtbild geprägt.

reisen von England aus angeboten. Natürlich kam man damals aber noch nicht mit dem Flieger: Man reiste auf Bananenfrachtern, die mit komfortablen Passagierkabinen ausgestattet waren. Massentourismus nach heutigen Maßstäben war das allerdings noch nicht, das begann erst mit den ersten Flugreisen ab Ende der Fünfzigerjahre. Dafür aber richtig: Puerto entwickelte sich zum ersten großen Touristenzentrum Teneriffas. Vor allem in den Sechzigern wurde massiv und in der Regel ziemlich unsensibel gebaut, die architektonische Erblast dieser Zeit dominiert bis heute das Stadtbild. In den Siebzigerjahren war der große Boom aber schon wieder vorbei, als die großen Urbanisationen im Süden entstanden, die seitdem den größten Teil der Touristen auf Teneriffa unterbringen.

Heute wird Puerto von Urlaubern bevorzugt, die eine ruhige und urbane Atmosphäre schätzen. Die Gegend ist mit Stränden eher bescheiden ausgestattet, auch ist es deutlich häufiger bewölkt als im Süden der Insel. Wer hier seinen Urlaub verbringt, hat andere Prioritäten als Sonne und Strand. Denn Puerto ist eben nur zum Teil eine Touristenstadt, durch die recht große einheimische Bevölkerung gibt es auch ein ganz normales urbanes Leben. Keine Frage: Der hemmungslose Bauwahn der frühen Jahre hat dem Stadtbild nicht gut getan. Allerdings hat Puerto im Gegensatz zu den Retortensiedlungen des Südens einen historischen Kern, der ein lebendiges Zentrum bildet, sowie einige sehr schöne Parks und Gärten. Außerdem ist es ein attraktives Stand-

*Puerto hat eine lebhafte und nicht ausschließlich touristische Atmosphäre.*

quartier für einen Wanderurlaub auf Teneriffa, weil sich alle interessanten Wandergebiete – der Teide-Nationalpark, das Anaga-Gebirge und das Teno-Gebirge – von hier aus gut erreichen lassen. Das Angebot an Unterkünften ist riesig, die Preisspanne groß: Es gibt luxuriöse und entsprechend hochpreisige Hotels, die älteren und etwas vom Zentrum entfernt liegenden Anlagen sind aber durchaus günstig zu haben.

**Puerto de la Cruz Zentrum**

1: Hafen
2: Plaza Europa
3: Plaza del Charco
4: Iglesia de San Francisco
5: Plaza de la Iglesia
6: Playa de San Telmo
7: Ermita de San Telmo
8: Lago Martiánez
9: Hotelviertel
10: Playa Martiánez
11: Centro Com. Martiánez
12: Jardín de Orq. Sitio Litre
13: Parque Taoro

Das historische Zentrum gruppiert sich um den **Hafen**, der im 18. Jahrhundert einer der bedeutendsten Exporthäfen Teneriffas war. Heute kann man sich das nur noch schwer vorstellen, denn inzwischen geht es hier ausgesprochen ruhig

*Kinder lieben die Statue der Fischverkäuferin!*

zu: Nur noch ein paar Fischerboote dümpeln zwischen den langen Molen. Dafür ist der Hafen zu einem wichtigen Teil des urbanen Lebens geworden; an warmen Tagen sind die massiven Befestigungsanlagen beliebte Plätze zum Baden, und es gibt sogar einen kleinen Strand. Die dynamisch dahinschreitende Bronzestatue einer Fischverkäuferin ist der Liebling der Kinder und eine beliebte Staffage für ein Erinnerungsfoto. Der Hafen ist von einigen schönen historischen Gebäuden im typisch kanarischen Kolonialstil umgeben. Das auffälligste ist die **Casa de la Real Aduana**, das ehemalige königliche Zollhaus. Es wurde schon Anfang des 17. Jahrhunderts errichtet und ist damit eines der ältes-

*Der Hafen ist die Keimzelle der Stadt und heute ein beliebter Badeplatz.*

*Die Plaza del Charco ist ein lebhafter Treffpunkt.*

ten Gebäude der Stadt. Hier befinden sich die Touristeninformation, ein Kunsthandwerksladen und ein Museum für zeitgenössische Kunst. Die massiven Mauern, die die dahinter liegende **Plaza Europa** umgeben, waren Teil der Befestigungsanlagen, die den Hafen vor Überfällen schützen sollten. Der große, kahle Platz ist nicht besonders attraktiv, doch die langgestreckten Mauern bieten sich zum Flanieren an.

Die **Plaza del Charco**, der „Pfützenplatz", ist mit dem großen Terrassencafé und dem Spielplatz der stets lebhafte Mittelpunkt der Stadt. Die Häuser an der Westseite des Platzes stammen zum Teil noch aus dem 17. Jahrhundert. Die anschließende, als Fußgängerzone angelegte **Calle Quintana** ist die Hauptachse des Zentrums und die wichtigste Einkaufsstraße.

*Die Plaza de la Iglesia wurde um 1900 als kleiner Park gestaltet.*

Die in einer Seitengasse gelegene **Iglesia de San Francisco** wurde im 17. Jahrhundert als Kirche eines später aufgehobenen Franziskanerklosters erbaut, ihre schöne Fassade bildet den Hintergrund der kleinen, blumengeschmückten Plaza Victor Pérez. Deutlich größer ist die **Iglesia Nuestra Señora de la Peña de Francia** an der parkähnlich angelegten **Plaza de la Iglesia**. Sie ist die Hauptkirche Puertos und dementsprechend reichhaltig mit mehreren prunkvollen Altären ausgestattet. Das Gebäude stammt ebenfalls aus dem 17. Jahrhundert. Es wurde allerdings mehrfach umgebaut, der Turm kam erst Ende des 19. Jahrhunderts dazu. Um 1900 herum entstand auch die heutige Gestaltung des Platzes mit dem hübschen Springbrunnen in der Mitte.

Von der Altstadt führt eine breite Promenade, der **Paseo de San Telmo**, zum östlich gelegenen Hotelviertel. Mit ihrer Aussicht auf den Atlantik ist sie die schönste Flaniermeile Puertos: Die Auswahl an Cafés und Restaurants ist groß, Portraitmaler und andere Straßenkünstler beleben die angenehme Atmosphäre. Unterhalb der Promenade bieten Felsen und Terrassen weitere Möglichkeiten für das unkomplizierte, stadtnahe Badeerlebnis, ebenso die **Playa de San Telmo**, die allerdings so winzig ist, dass man sie leicht übersieht. Das historische Zentrum hat man hier bereits verlassen, auf der Landseite befindet sich ein unschönes Viertel aus inzwischen deutlich angejahrten Hotelhochhäusern.

Am östlichen Ende der Promenade erinnert die kleine Kirche **Ermita de San Telmo** von 1780 noch einmal an die lange Geschichte der Stadt. Gleich dahinter befindet sich eine der großen Attraktionen Puertos, der **Lago Martiánez**. Das ist kein See, wie der Name vermuten lässt, sondern ein Freibad. Aber kein gewöhnliches: Es wurde Anfang der Siebzigerjahre nach Plänen des von Lanzarote stammenden Künstlers César Manrique gestaltet. Er entwarf eine über 400 Meter lange Badelandschaft mit verschiedenen Becken in natürlichen Formen,

*Der Paseo de San Telmo ist die schönste Flaniermeile der Stadt.*

die mit gefiltertem Meerwasser gefüllt sind. Den Mittelpunkt der Anlage bildet ein See mit einer Insel und einer Fontäne. Zahlreiche Palmen, Blumen und einige Skulpturen tragen zur stilvollen Atmosphäre bei, und das Casino auf der Insel sorgt für eine Belebung am Abend. Manriques Entwurf war so genial, dass er heute noch zeitgemäß wirkt und wesentlich zur Attraktivität der Stadt beiträgt! Nebenan liegt die **Playa Martiánez**, die recht lang, aber steinig und nicht sehr schön ist.

*Die Ermita de San Telmo wurde von der Seefahrergilde gestiftet.*

**Puerto de la Cruz Großraum**

1: Loro Parque
2: Playa Jardín
3: La Ranilla
4: Hafen
5: Parque Taoro
6: Lago Martiánez
7: Playa Martiánez
8: El Botánico
9: Playa Bollullo
10: Zentrum La Orotava

*Manriques Lago Martiánez wirkt heute noch zeitgemäß.*

Puerto ist die Stadt der Gärten und Parks, es gibt hier gleich drei sehr schöne Anlagen. Der intime **Jardín de Orquídeas de Sitio Litre** ist die kleinste von ihnen und heute die älteste erhaltene Gartenanlage Teneriffas. Er entstand als privater botanischer Garten eines herrschaftlichen Anwesens: Ein vermögender britischer Händler kaufte das Gebäude 1774 und begann daraufhin mit der Anlage des Gartens. Anders als der Name vermuten lässt, sind aber keineswegs nur Orchideen zu sehen. Aus verschiedensten kanarischen und exotischen Pflanzen entstand ein reizvoller, vielfältiger Garten, von dem die Orchideensammlung nur einen kleinen Teil ausmacht. Einige exotische Bäume stammen noch aus der Gründerzeit und haben inzwischen imposante Ausmaße erreicht, darunter eine gewaltige Kiefer und der älteste Drachenbaum der Stadt. Das ummauerte Grundstück ist nicht besonders groß, hat aber die Grandezza seiner Epoche bis heute behalten. Die glamouröse historische Patina trägt dazu bei: Unter anderem waren Alexander von Humboldt und Agatha Christie hier zu Gast.

*Sitio Litre hat den Glamour seiner Epoche erhalten.*

Ebenfalls eine reizvolle Atmosphäre hat der **Parque Taoro**, der als Garten des 1892 eröffneten, damals hochexklusiven Grand Hotel Taoro angelegt wurde. Das Hotel ist schon lange nicht mehr in Betrieb, der Garten blieb aber erhalten und ist heute ein öffentlicher Park. Sehr schön ist der vordere Teil, der sich, mit Becken und Wasserkaskaden gestaltet und von zahllosen Blumen verziert, in Stufen einen steilen Hang hinaufzieht. Von der Terrasse vor dem Hotelgebäude hat man eine hübsche Aussicht auf die Innenstadt. Der weitläufige und flache hintere Teil wird von den Einheimischen gerne zum Bummeln und Joggen genutzt, ist aber ziemlich langweilig.

Ein paar Kilometer vom Zentrum entfernt, im ansonsten eher uninteressanten Stadtteil La Paz, befindet sich **El Botánico**, der botanische Garten von Puerto. Er wurde schon 1788 als eine Art Versuchsanstalt gegründet und heißt auch Jardín de aclimatación, weil man hier ursprünglich erforschen wollte, inwieweit sich Pflanzen von anderen Kontinenten an die klimatischen Bedingungen auf den Kanaren und auf dem europäischen Festland gewöhnen lassen. Über die Jahrhunderte wurde die Pflanzensammlung von engagierten Botanikern gepflegt und ergänzt. Heute wachsen in dem wunderschönen kleinen Park mehr als 5000 Pflanzenarten von unterschiedlichsten Kontinenten. Mit einer Fläche von rund 100 x 200 Metern ist das Gelände nicht sehr groß; aber auch wenn man sich nicht unbedingt für Botanik interessiert, lohnen die zahlreichen blühenden Pflanzen und die teilweise sehr alten exotischen Bäume – der Star des Parks ist eine riesige tropische Würgfeige – in jedem Fall einen Besuch!

*Im botanischen Garten wachsen mehr als 5000 Pflanzenarten.*

Vom Zentrum aus in Richtung Westen erstreckt sich das ehemalige Fischerviertel **La Ranilla**, das mit den hübschen kleinen Häusern kuschelig-romantisch wirkt. Die zentrale Calle del Lomo und ihre Seitengassen sind vor allem abends beliebt, denn hier liegen viele Restaurants, Cafés und Bars direkt nebeneinander. Ein kleines archäologisches Museum hält eine nicht besonders umfangreiche, aber interessante und informative Ausstellung über die Guanchen (➤ Seite 36) bereit.

Noch weiter Richtung Westen folgt, schon recht weit vom Zentrum entfernt, die **Playa Jardín**. Mit seinem feinen schwarzen Sand, der terrassenförmig angelegten Gartenanlage und der sehr gepflegten Atmosphäre ist der über 600 Meter lange „Gartenstrand" sicherlich

Wie man hinkommt

***Mit dem Auto:*** *Die Autobahnausfahrt 32 und die anschließende TF-31 führen zur Playa Martiánez. Parkplätze sind in Puerto grundsätzlich knapp, kostenlos parken können Sie nur in den Außenbezirken. Im Zentrum gibt es ein Parkhaus unter der Plaza Europa und einen großen Parkplatz westlich des Hafens. Wenn Sie von Osten kommen, ist aber das Parkhaus im Centro Comercial Martiánez am einfachsten zu erreichen: Auf der TF-31 durch einen halboffenen Tunnel und direkt hinter dem Hotel San Felipe links, dann ist das Einkaufszentrum nach 260 m auf der linken Seite. Von hier aus laufen Sie durch die Calle Obispo Perez Cacerez 5-6 Minuten zur Promenade.*

***Mit dem Bus:*** *Puerto ist durch die Expressbuslinie 102 mit La Laguna und Santa Cruz verbunden (alle 30 Minuten). Die Expresslinie 343 fährt stündlich zum Südflughafen und weiter nach Los Cristianos und Playa Américas. Der Busbahnhof (Intercambiador) befindet sich an der Calle Cupido, etwa 400 Meter südwestlich der Plaza del Charco.*

***Öffnungszeiten und Eintrittspreise:***

*Lago Martiánez: Täglich 10:00-19:00 Uhr, Einlass bis 17:00 Uhr. Eintritt 3,50 €*

*Jardín de Orquídeas de Sitio Litre: Täglich 9:30-17:00 Uhr, Eintritt 4,75 €. www.jardindeorquideas.com, Tel. 0034 922 382 417*

*El Botánico: Eingang in der Calle Retama (von der TF-31 aus beschildert). Täglich 9:00-18:00 Uhr, Eintritt 3,00 €*

*Museo Arqueológico: Calle del Lomo 9a. Di-Sa 10:00-13:00 und 17:00-21:00 Uhr, So 10:00-13:00 Uhr, Eintritt 1,00 €*
*www.arqueopc.com, Tel. 0034 922 371 465*

der schönste Strand im Stadtgebiet. Das kleine **Castillo San Felipe** am östlichen Strandende wurde Anfang des 17. Jahrhunderts gebaut, um die Landungsstelle gegen die damals häufigen Piratenüberfälle abzusichern. Am gegenüberliegenden westlichen Ende des Strandes schließt sich der viel besuchte **Loro Parque** an (➤ nächste Seite).

*Die Playa Jardín ist der schönste Strand der Stadt.*

**GPS-Wegpunkte**

| | | | |
|---|---|---|---|
| Hafen | PUE01 | 28,41761 | -16,55048 |
| Plaza Europa | PUE02 | 28,41832 | -16,54892 |
| Plaza del Charco | PUE03 | 28,41662 | -16,55078 |
| Iglesia de San Francisco | PUE04 | 28,41684 | -16,54993 |
| Plaza de la Iglesia | PUE05 | 28,41687 | -16,54869 |
| Paseo de San Telmo | PUE06 | 28,41719 | -16,54773 |
| Playa de San Telmo | PUE07 | 28,41749 | -16,54660 |
| Ermita de San Telmo | PUE08 | 28,41752 | -16,54563 |
| Lago Martiánez | PUE09 | 28,41825 | -16,54450 |
| Playa Martiánez | PUE10 | 28,41919 | -16,54183 |
| Centro Comercial Martiánez | PUE11 | 28,41540 | -16,54360 |
| Jardín de Orquídeas Sitio Litre | PUE12 | 28,41332 | -16,54425 |
| Parque Taoro | PUE13 | 28,41331 | -16,54840 |
| El Botánico | PUE14 | 28,41155 | -16,53571 |
| La Ranilla | PUE15 | 28,41717 | -16,55245 |
| Castillo San Felipe | PUE16 | 28,41435 | -16,55842 |
| Playa Jardín | PUE17 | 28,41203 | -16,56087 |
| Loro Parque | PUE18 | 28,40827 | -16,56601 |
| Busbahnhof | PUE19 | 28,41480 | -16,55268 |

## Loro Parque

Der Loro Parque gehört zu den ganz großen Touristenattraktionen Teneriffas und wird auf der ganzen Insel so intensiv beworben, dass es unmöglich zu übersehen ist. Er wurde 1972 als reiner Papageienpark eröffnet, daher auch der Name. Aber schon bald wurde der Tierbestand erweitert, und heute ist es ein moderner Zoo, der die unterschiedlichsten Tiere zeigt. Der Aufwand, der dabei getrieben wird, ist enorm: Die große Zahl an selten gezeigten Tieren und die vielen spektakulären Anlagen rücken den Park in eine Reihe mit internationalen Spitzenzoos. Mit diesen teilt er auch die Bemühungen zur Bewahrung vom Aussterben bedrohter Arten durch umfangreiche Zuchtprogramme.

**Pflicht oder nicht?**

- •••• *top, unbedingt machen!*
- ••• *sollte man erlebt haben*
- •• *nette Abwechslung*
- • *man versäumt nicht viel*

*Sofern man Trubel und etwas Gedränge nicht scheut, sollte man den Loro Parque gesehen haben, denn die Tierhäuser und die Shows sind spektakulär!*

Vor allem in den letzten Jahren sind viele Tierhäuser neu hinzu gekommen. Dabei wurde großer Wert auf einen hohen Erlebnisfaktor für die Besucher gelegt. So kann man in der Freiflughalle „Katandra Treetops“ auf schwankenden Stegen Papageien und anderen Vögeln sehr nahe kommen. Das Pinguinhaus ist sogar das größte der Welt! Es zeigt antarktische Arten wie Zügelpinguine und Königspinguine. Die empfindlichen Tiere sind sehr selten in Zoos zu sehen, weil ihre Haltung enorm kompliziert ist:

*Das Pinguinhaus zeigt antarktische Arten, die nur selten in Zoos zu sehen sind.*

Ein hoher technischer Aufwand ist nötig, um die passenden Umweltbedingungen zu imitieren. Dazu gehören 12 Tonnen Kunstschnee pro Tag ebenso wie eine komplexe Lichtsimulation. Große Unterwasserfenster erlauben einen Blick auf die äußerst eleganten Taucher in ihrem eigentlichen Element.

*Im Aquarium befindet man sich buchstäblich unter Haien.*

Im Aquarium sind unterschiedlichste Unterwasser-Lebensräume aus verschiedenen Teilen der Welt nachgebildet. Auch hier gibt es eine beeindruckende Anlage: Durch einen 18 Meter langen transparenten Tunnel kann man durch das riesige Haibecken hindurchgehen und die Tiere auch aus ungewöhnlicher Perspektive beobachten.

Wie man hinkommt

*Der Loro Parque befindet sich im Westen der Stadt und ist an allen großen Straßen beschildert (von der Autobahn TF-5 über Ausfahrt 39). Der Parkplatz ist gebührenpflichtig. Die Stellplätze in den umgebenden Straßen sind kostenlos, tagsüber aber kaum zu bekommen.*

*Vom Zentrum Puertos (Plaza Reyes Católicos, beim Hotel Catalonia Las Vegas) fährt von 9:00-18:45 Uhr alle 20 Minuten ein kostenloses Bähnchen zum Park. Von den Ferienorten im Süden fährt einmal täglich ein Sonderbus für 13,50 € (Kinder 8,00 €); Fahrplan auf der Internetseite des Parks oder bei der Hotelrezeption.*

***Öffnungszeiten:*** *Alle Tage 8:30-18:45 Uhr, Shows nahezu ständig zwischen 9:30 und 17:30 Uhr. Um alles in Ruhe ansehen zu können, sollte man 3-5 Stunden einplanen. Im Park gibt es mehrere Restaurants.*

***Eintritt:*** *Erwachsene 33,00 €, Kinder von 6-11 22,00 €, Kinder bis 5 Jahre kostenlos. Parken 3,50 €. Alle Shows sind inklusive. Es gibt günstige Kombipreise für Loro Parque und Siam Park (Seite 24).*

*www.loroparque.com, Tel. 922 373 841*

*GPS-Wegpunkt: PUE18 28,40827 -16,56601*

Die größten Attraktionen sind aber natürlich die Tiershows! Im Loro Parque werden mehrmals täglich Shows mit Papageien, Seelöwen, Orcas und Delfinen gezeigt. Die Seelöwen sind mit einem komödiantisch eingefärbten Programm zu sehen, bei dem sie ihre enorme Geschicklichkeit unter Beweis stellen. Die Anlage der Orcas wurde erst 2006 eröffnet und gehört zu den größten und modernsten Orca-Anlagen der Welt. Der Loro Parque besitzt derzeit sechs dieser eindrucksvollen Tiere. Ihre Showbühne hat 3000 Plätze, die in der Regel gut gefüllt sind. Durch große Glasscheiben kann man die Orcas auch unter Wasser sehen, in den vorderen Reihen kann es allerdings ziemlich feucht werden! In der Show beeindrucken vor allem die meterhohen Sprünge der mehrere Tonnen schweren Tiere.

Die Stars des Showprogramms sind aber in jedem Fall die Delfine. Eine große Gruppe dieser Tiere lebt in einer weitläufigen Anlage mit verschiedenen Becken, die auch Rückzugsmöglichkeiten bietet – ein Standard, der unter Biologen als vorbildlich gilt. Delfine sind außerordentlich intelligent und lernfähig, außerdem sind sie schnell, kraftvoll und wendig. Ihre Show im Loro Parque zeigt diese Fähigkeiten eindrucksvoll. Sie ist perfekt

*Die spektakulären Shows der Orcas und Delfine sind die größte Attraktion des Parks.*

choreografiert und enthält spektakuläre Akrobatikelemente, die die Tiere zusammen mit ihren Trainern vorführen.

Der Loro Parque ist ein moderner, sehr professionell geführter Zoo mit hohen Standards in der Tierhaltung. Der Park wirkt in allen Details hochwertig und sehr gepflegt, die aufwendigen Anlagen machen einen Besuch in jedem Fall zum Erlebnis. Auf etwas Gedränge muss man sich allerdings einstellen, da das Gelände nicht sehr groß ist und die Besucherzahlen in der Regel erheblich sind.

## Playa Bollullo

Östlich von Puerto de la Cruz befinden sich einige schöne Naturstrände, die bis heute unverbaut geblieben sind. Am bekanntesten ist die Playa Bollullo (ausgesprochen „Bojujo“): Eine Bucht mit dunklem Sand, umgeben von einer dramatischen Kulisse aus schwarzem Fels und mit einer schönen Aussicht auf die umgebende Nordküste. Die Brandung ist hier allerdings oft ziemlich heftig, Schwimmen ist also eher etwas für die Mutigen! Um die Ecke liegt noch ein zweiter Strand, die Playa de los Patos,

**Pflicht oder nicht?**

- •••• *top, unbedingt machen!*
- ••• *sollte man erlebt haben*
- •• *nette Abwechslung*
- • *man versäumt nicht viel*

*Als letzte „wilde“ Strände der Gegend haben die Playa Bollullo und die benachbarten Strände einen speziellen Reiz!*

*Die Strände bestehen aus feinem, dunklem Sand.*

und noch weiter Richtung Osten die Playa El Ancón. Beide sind deutlich länger, aber nicht ganz so hübsch wie die Playa Bollullo. An allen drei Stränden gibt es keine Serviceeinrichtungen.

Dieser Küstenabschnitt ist völlig unverbaut, nur die kleine Siedlung El Rincón ist in der Nähe. Allerdings sind die Strände kein Geheimtipp; sie liegen nahe der Stadt und lassen sich leicht mit dem Auto erreichen, und auch die kurze Wanderung von Puerto aus ist sehr beliebt. Die große Einsamkeit darf man also auch hier nicht erwarten. Trotzdem sind die Playa Bollullo und die benachbarten Strände mit ihrer etwas abenteuerlichen Atmosphäre eine schöne Alternative zu den Stränden im Stadtgebiet.

*Wie man hinkommt*

***Mit dem Auto*** *erreicht man die Playa Bollullo über den Ort El Rincón: Von Puerto Richtung Autobahn, am Kreisverkehr direkt bei der Autobahnausfahrt 32 auf die kleine TF-176 abbiegen und der Beschilderung „El Bollullo" folgen. Wenn Sie auf einer sehr schmalen Straße nach Westen (Richtung Puerto) fahren und rechts unten einen Parkplatz mit der Beschriftung „Parking Playa 1€" auf einer Mauer sehen, sind Sie richtig! Inzwischen kostet das Parken hier allerdings 2,00 €. Vom Parkplatz führt ein Betonweg mit Treppenstufen hinunter zu den Stränden: Links die Playa Bollullo, rechts die Playa de los Patos und dahinter (weiter Richtung Osten) noch die Playa El Ancón.*

*Es gibt keine Busverbindung. Die einzige Alternative zum Auto ist der* ***Fußweg von Puerto****: Am Centro Comercial Martiánez führt eine Treppe in den oberhalb gelegenen Stadtteil La Paz hinauf. Am oberen Ende der Treppe links zum Aussichtspunkt Mirador de La Paz. Von dort führt eine Promenade am oberen Rand des Steilhangs entlang. Dann hinter dem Hotel Semiramis vorbei und auf kleinen Straßen immer geradeaus, bis man den Autobahnzubringer durch eine Unterführung unterquert. Von nun an ist der Weg nicht mehr zu verfehlen: Immer geradeaus parallel zur Küste, bis man beim Parkplatz eine Treppe erreicht, die zum Strand hinunter führt. Gesamtstrecke ab Einkaufszentrum etwa 3 km, Gehzeit 30-40 Minuten.*

*Alternativ kann man mit dem Auto die Calle Aceviño, die Hauptstraße von La Paz, bis zu einem ovalen Kreisverkehr am Stadtrand entlangfahren und dort parken. Ein Stück Richtung Meer, und man befindet sich auf dem oben beschriebenen Fußweg (von hier aus 20-25 Minuten).*

*GPS-Wegpunkt 25: 28,41782 -16,51992*

## La Orotava

Die einige Kilometer oberhalb von Puerto gelegene Stadt La Orotava ist das Zentrum des Valle de Orotava. Es ist allerdings kein Tal im eigentlichen Sinn, sondern eher ein breiter, flacher Hang, der sich weit ins Land hineinzieht. Auch ist das Tal nicht durch Wassererosion, sondern durch vulkanische Vorgänge entstanden. Die relativ hohen Niederschläge durch die Passatwolken, die sich am Teide-Massiv stauen, machen es zu einer der fruchtbarsten Gegenden Teneriffas. Schon die kanarischen Ureinwohner, die Guanchen, hatten hier größere Siedlungen. Auch die Spanier erkannten schnell die Vorteile dieses Landstriches und gründeten schon kurz nach der Eroberung Teneriffas, im Jahr 1504, die Siedlung La Orotava.

**Pflicht oder nicht?**

- •••• *top, unbedingt machen!*
- ••• *sollte man erlebt haben*
- •• *nette Abwechslung*
- • *man versäumt nicht viel*

*La Orotava ist eine der schönsten historischen Städte der Insel und eine großartige Möglichkeit, in die geschichtsträchtige Atmosphäre des alten Teneriffa einzutauchen!*

In den folgenden Jahrhunderten wurde in der Umgebung in großem Stil zunächst Zuckerrohr und später Wein für den Export nach Europa kultiviert. Die hoch profi-

*Die große Zeit als Handelszentrum hat viele historische Bauwerke hinterlassen.*

table Landwirtschaft machte La Orotava rasch zu einem der größten Handelszentren Teneriffas. Das unten am Meer gelegene Puerto de la Cruz, das heute deutlich größer ist, war lange Zeit nur der Hafen, von dem aus die reichen Erträge des Tales verschifft wurden. Wer die Fäden im Geschäft mit den Agrargütern zog, lebte in La Orotava. Vor allem das 17. Jahrhundert brachte eine Blütezeit, die auch die verheerenden Erdbeben von 1704 und 1705 nicht beenden konnten. Erst im 19. Jahrhundert sank die Bedeutung der Stadt, als sich Santa Cruz als neues Handelszentrum etablierte.

Die große Zeit hinterließ einen umfangreichen, nahezu unbeeinträchtigten Bestand an historischen Gebäuden – auf Teneriffa wird La Orotava in dieser Hinsicht nur von La Laguna (➤ Seite 46) übertroffen. Auch die Lage am Hang mit

**La Orotava Zentrum**

1: Nuestra Señora de la Concepción
2: Casas de los Balcones
3: Hospitál de la Santísima Trinidad
4: Rathaus
5: Botanischer Garten
6: Jardín Victoria
7: Liceo de Taoro
8: Convento San Agustín
9: Plaza de la Constitución
10: Handwerksmuseum, Artenerife

Aussicht auf die Küste trägt zu einem der schönsten Stadtbilder der Kanaren bei. Heute beeinträchtigt ein ungemütliches Verkehrsaufkommen in den engen, steilen Straßen die Stimmung, dennoch ist La Orotava eines der reizvollsten Ausflugsziele der Insel!

*Die Casas de los Balcones sind eine viel besuchte Attraktion.*

Am berühmtesten sind die **Casas de los Balcones**. Mit ihren gewaltigen Holzbalkons beherrschen die beiden Adelspaläste aus dem 17. Jahrhundert die enge Straße Calle San Francisco. Der prachtvolle Innenhof des unteren Gebäudes mit den umlaufenden Holzgalerien und den opulenten Schnitzereien kann besichtigt werden. Im oberen Stockwerk gibt es einige museal gestaltete Räume, unten befindet sich ein Kunsthandwerkszentrum, das traditionelle Techniken wie Stickerei und Töpferei lebendig hält. Direkt gegenüber liegt die um 1590 errichtete **Casa Molina**, die heute als „Casa del Turista" den Laden des Kunst-

### *Thema:* Gofio

Gofio ist ein Mehl aus geröstetem Getreide, das sehr vielseitig verwendet werden kann: Als Zugabe zu einem deftigen Eintopf ebenso wie in Süßspeisen. Es war schon bei den Guanchen ein wichtiges Lebensmittel und ist bis heute aus der kanarischen Küche nicht wegzudenken. Damit ist es eine der wenigen kulturellen Hinterlassenschaften der Ureinwohner, die sich bis in die Gegenwart erhalten haben!

Gofio wurde ursprünglich aus Gerste oder Weizen hergestellt, später wurde auch Mais als Grundlage üblich. Die Körner wurden zunächst geröstet und dann in wasserbetriebenen Mühlen zu Mehl verarbeitet. Heute wird Gofio industriell produziert und ist auf den Inseln in jedem Supermarkt zu haben. Manchmal findet man es im Hotel am Frühstücksbuffet; probieren Sie es mit Milch und etwas Honig verrührt!

**6 Über den Organos-Höhenweg**
*Technik* ●●●○○
*Kondition* ●●●○○
➤ *Seite 147*
Wanderungen

handwerkszentrums beherbergt und eine große Auswahl nach traditionellem Vorbild gefertigter Produkten anbietet. Ursprünglich gehörte das „Mühlenhaus" zu einem inzwischen aufgegebenen Franziskanerkloster, seinen Namen verdankt es einer Gofiomühle. Sie ist nur eine von mehreren Wassermühlen, die in diesem Viertel über ein System von Kanälen betrieben wurden und zur Verarbeitung von Gofio dienten. Das nebenan gelegene **Museo de las Alfombras** widmet sich der Tradition der Blumen- und Sandteppiche, die jedes Jahr zu Fronleichnam in La Orotava entstehen (➤ Seite 87).

In derselben Straße etwas weiter oben befindet sich an der kleinen Plaza San Francisco das **Hospitál de la Santísima Trinidad** mit der Kirche San Francisco. Ursprünglich war es ein Franziskanerkloster, später ein Waisenhaus. Die hölzerne Durchreiche in der Seitentür am Hof ist ein Relikt dieser Zeit: Es ist eine Art Babyklappe, mit der Mütter in Notlagen ihre Kinder anonym der Obhut des Waisenhauses anvertrauen konnten.

Mit ihren Türmen und der Kuppel ist die Hauptkirche **Nuestra Señora de la Concepción** ein bestimmender Teil des Stadtbildes. Sie wurde von 1768 bis 1788 im kanarischen Barockstil erbaut, nachdem die vorige Kirche durch die Erdbeben Anfang des 18. Jahrhunderts stark beschädigt worden war. Die Plaza Casañas bildet mit ihren Palmen und Blumenbeeten einen schönen Rahmen für die Kirche.

*Nuestra Señora de la Concepción ist die größte und prächtigste Kirche.*

Das neoklassizistische **Rathaus** von 1895 ist eines der wenigen größeren Gebäude im historischen Zentrum. Dahinter versteckt sich ein kleiner, aber sehr schöner **botanischer Garten**, der auf den Garten eines Klosters zurückgeht, das im 19. Jahrhundert abgerissen wurde, um Platz für das Rathaus zu schaffen. Sein Mittelpunkt ist ein großer Drachenbaum; diese Gewächse sind typisch für die Kanaren und gehören heute zu den Wahrzeichen Teneriffas (➤ Seite 106).

Direkt gegenüber in der Calle León befindet sich der Eingang zum **Jardín Victoria**. Der Park, der eigentlich Jardines del Marquesado de la Quinta Roja heißt, wurde im 19. Jahrhundert im Auftrag der Grafenfamilie Quinta Roja-Ponte mit verschwenderisch wirkender Großzügigkeit angelegt. Das Zentrum der terrassenförmig an den Hang gebauten Anlage ist das Mausoleum des 1880 verstorbenen Grafen, das auf einem Sockelgebäude mit einer Grotte thront. Die katholische Kirche hatte dem bekennenden Freimaurer ein angemessenes Begräbnis auf dem Friedhof verweigert, woraufhin seine Familie das pompöse Mausoleum auf ihrem Besitz errichten ließ.

Ein Stück unterhalb des Parks liegt die **Plaza de la Constitución**. Mit ihrem

*Die Gärten La Orotavas haben einen besonderen Reiz: links der botanische Garten, unten der Jardín Victoria.*

*Auf der Plaza de la Constitución lässt sich gut etwas Zeit verbummeln.*

Cafépavillon und vielen Sitzbänken ist sie ein beliebter Ort, um etwas Zeit zu verbummeln, wozu natürlich auch die schöne Aussicht auf die einige Kilometer entfernte Küste beiträgt. Direkt am Platz befindet sich das ehemalige Kloster **San Agustín** mit der Kirche aus dem späten 17. Jahrhundert, ein Stück darüber das etwas exzentrisch wirkende **Liceo de Taoro**, das 1928 als privater Palast gebaut wurde.

## *Tipp:* Bildteppiche zu Fronleichnam

Die Blüten- und Sandteppiche von La Orotava sind ein außergewöhnliches Brauchtum: Jedes Jahr zu Fronleichnam (spanisch „Fiesta del Corpus Christi", Ende Mai oder im Juni) werden in den Straßen der Altstadt Bildteppiche aus bunten Blütenblättern angelegt, über die dann die Prozessionen hinwegschreiten. Auf dem Rathausplatz, der dazu mit einem Zelt überdacht wird, entsteht in wochenlanger Arbeit ein riesiger Bildteppich mit religiösen Motiven aus verschiedenfarbigem Sand aus dem Teidegebiet. Dieser Brauch ist nicht allzu alt: Er geht auf das Jahr 1847 zurück. Heute gehören die Teppiche von La Orotava zu den größten temporären Attraktionen der Kanaren und ziehen Tausende Besucher an.

La Orotavas Status als Zentrum für Handwerkskunst wird durch das **Museo de Artesanía Iberoamericana** im ehemaligen Dominikanerkloster in der Calle Tomás Zerolo 34 und das benachbarte Handwerks- und Designzentrum **Arteterife** gefestigt. Artenerife, das auch Verkaufsstellen in anderen Orten Teneriffas unterhält, kombiniert althergebrachte Techniken mit modernem Design und ist ein guter Tipp, wenn man ein typisches, aber weniger folkloristisches Souvenir sucht.

Wie man hinkommt

*Einen größeren Parkplatz (kostenlos) gibt es südöstlich des Zentrums an der Avenida Carrero Blanco (von der TF-21 beschildert). Das Befahren der engen und verkehrsreichen Altstadtstraßen sollte man vermeiden. Buslinie 101 alle 30 min (Sa und So stündlich) von Santa Cruz über Puerto, ab Puerto auch Linien 345 und 352.*

***Öffnungszeiten und Eintrittspreise:***

*Botanischer Garten: Täglich von 9:00-14:00 Uhr, Eintritt frei*

*Jardín Victoria (Jardines del Marquesado de la Quinta Roja): Mo-Fr 9:00-18:00 Uhr, Sa und So 10:00-15:00 Uhr, Eintritt frei*

*La Casa de los Balcones: Calle San Francisco 3-4, www.casa-balcones.com, Tel. 0034 922 330 629. Täglich 8:30-19:30 Uhr, Eintritt frei*

*Museo de las Alfombras: Calle San Francisco 3-5. Mo-Fr 10:00-18:00 Uhr, Eintritt 1,00 €*

*Museo de Artesanía Iberoamericana: Calle Tomás Zerolo 34, Tel. 0034 922 321 746. Mo 9:00-15:00, Di-Fr 9:00-17:00, Sa 9:00-13:00 Uhr, So geschlossen, Eintritt 2,50 €*

*Artenerife: Calle Tomás Zerolo 27, www.artenerife.com, Tel. 0034 922 322 285. Mo-Fr 10:00-15:00 Uhr, Sa und So geschlossen*

GPS-Wegpunkte

| | | | |
|---|---|---|---|
| Casas de los Balcones | ORO01 | 28,38836 | -16,52594 |
| Hosp. de la Santísima Trinidad | ORO02 | 28,38739 | -16,52585 |
| N. Señora de la Concepción | ORO03 | 28,39011 | -16,52539 |
| Rathaus | ORO04 | 28,38924 | -16,52484 |
| Botanischer Garten | ORO05 | 28,38909 | -16,52418 |
| Jardín Victoria | ORO06 | 28,38951 | -16,52321 |
| Plaza de la Constitución | ORO07 | 28,39060 | -16,52313 |
| Handwerksmuseum, Artenerife | ORO08 | 28,39218 | -16,52479 |
| Parkplatz | ORO09 | 28,39085 | -16,51954 |
| Busbahnhof | ORO10 | 28,39373 | -16,51958 |

# Das Teide-Gebiet

Der gewaltige Teide bestimmt unübersehbar das Bild Teneriffas. Der über 3700 Meter hohe Vulkan ist von einer einzigartigen Landschaft umgeben, die durch zahllose Eruptionen geprägt ist. Eine Rundfahrt durch die Cañadas oder die Fahrt mit der Seilbahn zum Gipfel sind unvergleichliche Erlebnisse. Und natürlich bietet das Teide-Gebiet die besten Wandermöglichkeiten der Insel, vom kleinen Spaziergang bis zur Bergtour mit hohem Abenteuerfaktor!

## Las Cañadas del Teide

Im Zentrum Teneriffas befindet sich eine 2000 bis 2300 Meter hoch gelegene Ebene, überragt von einem gewaltigen Vulkan. Mit einer Gipfelhöhe von 3718 Metern ist der Teide nicht nur der höchste Berg der Kanaren, sondern sogar des gesamten spanischen Staatsgebietes! Zusammen mit der ihn umgebenden Landschaft, den Cañadas del Teide, wurde er schon 1954 zum Nationalpark erklärt, seit 2007 ist das Gebiet außerdem UNESCO-Weltnaturerbe.

Pflicht oder nicht?

- •••• *top, unbedingt machen!*
- ••• *sollte man erlebt haben*
- •• *nette Abwechslung*
- • *man versäumt nicht viel*

*Ein Besuch der einzigartigen Landschaft der Cañadas ist ein Muss für jeden Teneriffa-Urlaub!*

Die Cañadas sind die Caldera (also der Krater) eines gewaltigen Urvulkans, der vor etwa 200.000 Jahren verschwand. Der Teide baute sich später bei erneuten Eruptionen auf. Über lange Zeiträume hinweg haben sich hier immer wieder neue Vulkanausbrüche von unterschiedlichem Ausmaß ereignet. Je nach chemischer Zusammensetzung der Lava, ihrer Temperatur bei der Eruption und der Geschwindigkeit der Abkühlung sehen die daraus entstandenen Gesteine sehr unterschiedlich aus, hinzu kommen langsame Veränderungen durch Verwitterungsprozesse. Dadurch liegen in den Cañadas heute auf wenigen Quadratkilometern ganz verschiedene

*Der Teide überragt die Ebene Llano de Ucanca.*

Landschaftsbilder direkt nebeneinander: Bizarre Felsformationen wechseln sich ab mit hellbraunen Kiesebenen, an vielen Stellen sind erstarrte Lavaflüsse deutlich zu erkennen. Auf die fremdartige Szenerie knallt hartes, grelles Sonnenlicht, das in dieser Höhe kaum durch Dunst gefiltert wird. Die außergewöhnliche geologische Vielfalt macht dieses Gebiet zu einem ergiebigen Forschungsobjekt – und zu einem der interessantesten Ausflugsziele der Kanaren!

Die Wolken, die über dem Atlantik entstehen, bleiben meistens in tieferen Luftschichten. Daher regnet es hier sehr selten; hinzu kommen große Temperaturschwankungen und oft ein kräftiger Wind. Diese Faktoren machen die Cañadas zu einem schwierigen Biotop, das spezielle Anpassung erfordert. Nur wenige, robuste Pflanzen können sich hier behaupten, die spärliche Vegetation duckt sich meistens mit niedrigem, kugelförmigem Wuchs und kleinen Blättern zwischen die Felsen.

### *Thema:* Die Entstehung der Cañadas

Wissenschaftler gehen davon aus, dass es hier einst einen riesigen Urvulkan gegeben hat, der viel größer war als der Teide. Der Theorie zufolge, die heute von den meisten Geologen befürwortet wird, kollabierte dieser Berg vor etwa 200.000 Jahren und rutschte nach Norden ins Meer. Die Kette der Caldera-Randberge, die die Cañadas nach Südosten hin abgrenzt, ist ein Rest dieses Urvulkans, ebenso wie die Roques de García.

Der Vulkankegel des Teide, wie wir ihn heute sehen, entstand erst in der darauf folgenden Zeit. Er ist ein sogenannter Schichtvulkan, der sich im Laufe vieler aufeinander folgender Ausbrüche immer höher aufbaute. Die letzten Eruptionen des Hauptkraters fanden vor etwa 1000-1300 Jahren statt, also während des frühen Mittelalters. Über diese Ausbrüche weiß man allerdings wenig, da Teneriffa zu dieser Zeit nur von der Urbevölkerung bewohnt wurde, die keine schriftlichen Aufzeichnungen hinterließ. Gut dokumentiert ist hingegen die Eruption von 1798, bei der ein Lavastrom aus der Südwestflanke des Teide unterhalb des Pico Viejo austrat. Der letzte Vulkanausbruch auf Teneriffa überhaupt ereignete sich 1909 am einige Kilometer westlich gelegenen Chinyero. Heute treten am Teide nur Wasserdampf und schweflige Gase aus, eine neue Eruption ist derzeit nicht zu erwarten.

Aber die Flora ist vielfältiger, als es auf den ersten Blick scheint: Rund 200 Pflanzenarten kommen im Nationalpark vor. Viele von ihnen sind endemisch, es gibt sie also nur hier und nirgendwo sonst auf der Welt. Besonders auffällig ist der Teide-Ginster *(Cytisus supranubius)*, dessen große Büsche fast überall in den Cañadas zu finden sind. Diese Art kommt nur in Gebirgslagen auf Teneriffa und La Palma zwischen 1700 und 2400 Metern vor. So etwas wie ein botanisches Wahrzeichen der Insel ist die Tajinaste, auch Teide-Natternkopf oder Wildprets Natternkopf genannt *(Echium wildpretii)*. Zwischen Mai und August treiben die Pflanzen zwei bis drei Meter hohe kerzenförmige Blütenstände aus, die mit winzigen, dunkelroten Blüten bedeckt sind. Die zweijährigen Pflanzen blühen nur ein einziges Mal und sterben danach ab. Die vertrockneten Gerippe der Blütenstände bleiben noch längere Zeit stehen.

An der gut 20 Kilometer langen Straße, die den Nationalpark durchquert, eröffnen verschiedene Aussichtspunkte immer neue Perspektiven. Erklärungstafeln liefern detaillierte Informationen zu den geologischen und biologischen Besonderheiten, die an dieser Stelle zu sehen sind (Texte auf Spanisch und

**Teide-Nationalpark**

1: Besucherzentrum
2: Siedlung El Portillo
3: Minas de San José
4: Parkpl. Montaña Blanca
5: Mirador Tabonal Negro
6: Seilbahn-Talstation
7: Bergstation und Gipfel
8: Refugio Altavista
9: Krater Pico Viejo
10: Roques de García
11: Parador
12: Llano de Ucanca
13: Boca de Tauce
14: Mirador Las Narices

*Die Flora der Cañadas ist vielfältiger, als es auf den ersten Blick scheint.*

Englisch) und machen eine Rundfahrt zu einem in jeder Hinsicht interessanten Erlebnis. Außerdem ist der Nationalpark Teneriffas attraktivstes Wandergebiet! Ein ganzes Netz von Wegen ermöglicht Wanderungen von unterschiedlichem Anspruch und erschließt Naturmonumente, die von der Straße aus nicht zu sehen sind, wie die Fortaleza oder die Piedras Amarillas. Einige sehr einfache Touren (➤ Wanderungen 8, 10 und 12) sind für absolut jeden geeignet, aber auch abenteuerlustige und konditionsstarke Wanderer finden hier äußerst reizvolle Optionen vor (➤ Wanderungen 9 und 11).

*Das botanische Wahrzeichen Teneriffas: blühende Tajinasten am Tabonal Negro.*

Wenn man aus Richtung La Orotava oder von La Laguna hinauffährt, erreicht man unmittelbar am nordöstlichen Eingang des Nationalparks das **Besucherzentrum** (Centro de Visitantes). Es hält eine kleine, sehr schön aufbereitete Ausstellung mit Informationen über die Entstehung dieses Gebiets und seine einzigartige Flora und Fauna bereit. Neben dem Gebäude befindet sich ein botanischer Garten mit hier heimischen Pflanzen. Die Ausstellung und der Garten sind kostenlos, alle Texte gibt es auch auf Deutsch. Die Mitarbeiter an der Rezeption geben gerne Auskunft, auch zu den Wandermöglichkeiten. In der kleinen Siedlung **El Portillo**, die kurz danach folgt, gibt es einige Restaurants. Auf der linken Seite erstreckt sich die Ebene der Cañadas, begrenzt von der Kette der Caldera-Randberge.

*Wanderungen*

**7 Runde über die Fortaleza**

*Technik* ●●○○○
*Kondition* ●●○○○

➤ *Seite 152*

**8 Zur Fortaleza und den Huevos del Teide**

*Technik* ●●○○○
*Kondition* ●●●○○

➤ *Seite 155*

## *Thema:* Die Kanareneidechse

Oft begegnet man in den Cañadas auffallend großen Eidechsen; vor allem an den Roques de García sind sie regelmäßig zu sehen. Lagarto Tizon werden diese Tiere im Spanischen genannt, auf Deutsch heißen sie Kanareneidechsen *(Gallotia galloti)*. Mit einer Länge von bis zu 40 cm sind sie deutlich größer als die meisten anderen europäischen Eidechsenarten. Die Art kommt nur auf Teneriffa und der benachbarten Insel La Palma vor, ist hier aber sehr häufig. Mit mehreren Unterarten ist sie über ganz Teneriffa verbreitet und auch in den trockeneren Gebieten des Anaga-Gebirges häufig zu sehen. Die Tiere sind nicht scheu und können an Stellen, an denen viele Wanderer Rast machen, sogar etwas aufdringlich werden.

*Die Kanareneidechsen sind nicht sonderlich scheu.*

Knapp fünf Kilometer nach El Portillo lohnt sich ein Stopp an den **Minas de San José.** Hier beginnt direkt am Parkplatz eine ausgedehnte Fläche aus feinem Lavakies, die von größeren Felsen durchsetzt ist. Diese Kieselsteine sind kleine Bröckchen aus leichtem Bimsstein, sogenannte Lapilli. Sie entstehen, wenn dünnflüssige Lava bei explosionsartigen Ausbrüchen hoch aus dem Krater geschleudert wird. Der kleine Parkplatz Montaña Blanca ist der Ausgangpunkt der Teide-Besteigung auf der Normalroute (➤ Seite 103), abgesehen davon ist dieser Punkt allerdings nicht sehr interessant. Ganz anders sieht es aus am **Mirador Tabonal Negro**: Hier hat man einen besonders schönen Blick auf den zentralen Teil der Cañadas und die Caldera-Randberge, außerdem sind direkt am Parkplatz immer einige Tajinasten zu finden.

Die Straße passiert die Abzweigung zur Talstation der Seilbahn, die bis knapp unter den Gipfel führt, und schwenkt kurz danach in Richtung Richtung Süden. Am Ende des folgenden schnurgeraden Stücks befindet sich rechts die Einfahrt zu den **Roques de García**. Diese Felskette ist vermutlich ein Überbleibsel des riesigen Urvulkans und heute eine viel besuchte Sehenswürdigkeit. Vom Aussichtspunkt hat man ei-

*Die Minas de San José sind eine der schönsten Landschaften im Nationalpark.*

nen schönen Blick auf die gut 100 Meter tiefer liegende Ebene Llano de Ucanca und den freistehenden Felsturm La Catedral. Die kopflastige Silhouette des markanten Roque Cinchado vor dem Hintergrund des Teide ist eines der meistfotografierten Motive der Insel. Auf deutsch wird er oft als „Finger Gottes" bezeichnet, was aber unsinnig ist, weil er von den Einheimischen nie so genannt wurde. Die Felsgruppe kann mit einer sehr schönen Wanderung umrundet werden, die zu den einfachsten Touren der Cañadas gehört (➤ Wanderung 10, Seite 164). Auf der anderen Straßenseite befindet sich der **Parador**, ein Haus der spanischen Luxushotelkette. Er ist – abgesehen vom Refugio, einer Berghütte am Hang des Teide (➤ Seite 103) – die einzige Unterkunftsmöglichkeit im Nationalpark, für Tagesgäste gibt es eine Cafeteria.

## *Hoteltipp:* Parador de Las Cañadas

Mitten in den Cañadas befindet sich der Parador, ein Haus der staatlichen spanischen Luxushotelkette. Das Gebäude selbst ist ziemlich reizlos, der Luxus liegt in seiner Lage: Der Parador ist das einzige Hotel im Teide-Gebiet. Eine Übernachtung in dieser Gegend ist tasächlich ein Erlebnis, zumal die Cañadas am Abend und am frühen Morgen, wenn keine Tagesausflügler da sind, am schönsten sind. Der Parador verfügt auch über ein erstklassiges Restaurant.

Wenn Sie hier übernachten, sollten Sie ein besonderes Erlebnis nicht versäumen: Gehen Sie nachts raus und schauen Sie sich die Sterne an! Da die Luft in dieser Höhe sehr klar ist und es kaum Streulicht aus der Umgebung gibt, ist der Eindruck überwältigend.

*Der Luxus des Paradors ist die einzigartige Lage.*

*An der TF-21 etwa 4 km südlich der Seilbahn-Talstation*
*www.parador.es, Tel. 0034 922 386 415*

*Doppelzimmer 120-150 Euro*

*GPS-Wegpunkt TDE07: 28,22438 -16,62723*

Die Straße führt an den bläulichen Felsen der Azulejos vorbei ein Stück nach unten und passiert die sandige Ebene **Llano de Ucanca**. Die brettebene Fläche ist durch Sedimentation entstanden und wird durch die Roques de García vom etwas höher gelegenen Hauptteil der Cañadas abgegrenzt. Die markanten Büsche des Teide-Ginsters bestimmen hier das Bild, noch einmal bietet sich eine sehr schöne Aussicht auf den gewaltigen Vulkankegel.

Kurz danach ist die Abzweigung **Boca de Tauce** erreicht. Hier geht es links nach Vilafor hinunter; wenn Sie aus Richtung Costa Adeje/Los Christianos kommen, erreichen Sie den Nationalpark hier und müssen die bisherige Aufzählung rückwärts lesen. In jedem Fall lohnt es sich, von Boca de Tauce ein Stück nach Nordwesten Richtung Santiago del Teide/Chío zu fahren: Auf den nächsten Kilometern verläuft die Straße durch ein relativ junges Lavafeld, das im Jahr 1798 bei den letzten

*Der Roque Cinchado ist eines der bekanntesten Motive Teneriffas.*


**10 Um die Roques de García**
*Technik* ●○○○○
*Kondition* ●○○○○
➤ *Seite 164*

**11 Zum Alto de Guajara**
*Technik* ●●●○○
*Kondition* ●●●○○
➤ *Seite 167*

**12 Um die Montaña de la Botija**
*Technik* ●●○○○
*Kondition* ●●○○○
➤ *Seite 171*

*Wanderungen*

Eruptionen im Teide-Gebiet entstanden ist. Am **Mirador Las Narices del Teide** hat man einen guten Blick auf die Narices, die „Nasenlöcher des Teide“: Durch diese Öffnungen in der Flanke des Bergs ist die Lava ausgetreten, es ist deutlich zu erkennen, wo sie den Hang hinunterfloss. Die Eruption, die durch spanische Chronisten gut dokumentiert ist, dauerte 92 Tage, bedeckte ein Gebiet von etwa fünf Quadratkilometern mit Lava und verursachte noch zwei Jahre später leichte Erdbeben. Über den Narices erhebt sich der 3135 Meter hohe Nebengipfel Pico Viejo, der Hauptgipfel ist von hier aus nicht zu sehen. Kurz danach verlässt diese Straße den Nationalpark und führt Richtung Westküste hinunter.

Wie man hinkommt

***Mit dem Auto** gibt es vier Möglichkeiten: Von Nordosten auf der TF-24 über La Laguna, von Norden auf der TF-21 von Puerto de la Cruz über La Orotava, von Süden auf der TF-51/TF-21 über Vilaflor und von Westen auf der TF-38 über Chío. Landschaftlich am schönsten sind die Routen über La Laguna und Chío. Letztere stellt aus Richtung Süden eine reizvolle Alternative zu der zwar etwas kürzeren, aber weniger erlebnisreichen Route über Vilaflor dar.*

***Mit dem Bus** ist das Gebiet nur eingeschränkt zu erreichen: Die Linie 342 fährt von Costa Adeje über Los Cristianos durch den ganzen Nationalpark bis El Portillo, die Linie 348 von Puerto de la Cruz über La Orotava bis zum Parador. Beide Linien fahren aber nur zweimal täglich, einmal am Morgen (Costa Adeje 9:15, Los Cristianos 9:30, Puerto 9:15 Uhr) und einmal am späten Nachmittag (Rückfahrt ab Parador um 16:00 Uhr nach Puerto, um 15:45 Uhr nach Costa Adeje). Wer kein Auto zur Verfügung hat und nicht wandern möchte, ist mit einem Busauflug besser beraten.*

***Toiletten** gibt es in der Cafeteria des Paradors, bei der Talstation der Seilbahn und im Besucherzentrum El Portillo.*

***Besucherzentrum El Portillo:** täglich 9:00-16:00 Uhr, Eintritt frei. Der Garten ist auch außerhalb der Öffnungszeiten zugänglich, man kann einfach über das Tor steigen.*

***Bleiben Sie bei allen Wanderungen und Streifzügen im Nationalpark auf den markierten und deutlich sichtbaren Wegen!** Abgesehen davon, dass das Verlassen der offiziellen Wege verboten ist und daher natürlich bestraft werden kann, verursacht „wildes“ Wandern in dieser sensiblen Landschaft mit ihrer geringen Regenerationsfähigkeit erhebliche Schäden.*

GPS-Wegpunkte

| | | | |
|---|---|---|---|
| *Besucherzentrum El Portillo* | *TDE01* | *28,30450* | *-16,56656* |
| *Minas de San José* | *TDE02* | *28,26572* | *-16,58861* |
| *Parkplatz Montaña Blanca* | *TDE03* | *28,25947* | *-16,60335* |
| *Mirador Tabonal Negro* | *TDE04* | *28,25787* | *-16,61081* |
| *Seilbahn-Talstation* | *TDE05* | *28,25472* | *-16,62588* |
| *Roques de García* | *TDE06* | *28,22314* | *-16,63077* |
| *Parador* | *TDE07* | *28,22438* | *-16,62723* |
| *Llano de Ucanca* | *TDE08* | *28,21127* | *-16,63508* |
| *Parkeingang Boca de Tauce* | *TDE09* | *28,21418* | *-16,67896* |
| *Mirador Las Narices del Teide* | *TDE10* | *28,23841* | *-16,69824* |
| *Seilbahn-Bergstation* | *TDE11* | *28,26986* | *-16,63893* |
| *Teide-Gipfel* | *TDE12* | *28,27269* | *-16,64227* |
| *Mirador Pico Viejo* | *TDE13* | *28,26986* | *-16,64494* |
| *Mirador de la Fortaleza* | *TDE14* | *28,27422* | *-16,63920* |
| *Refugio de Altavista* | *TDE15* | *28,27412* | *-16,62938* |

## *Tipp:* Hotels in Vilaflor

Direkt im Nationalpark ist der Parador die einzige Unterkunftsmöglichkeit. Die nächstgelegenen Alternativen finden sich im Bergdorf Vilaflor südlich des Nationalparks. Von hier aus fährt man 15 km (etwa eine halbe Stunde) zum Parkeingang Boca de Tauce.

**Hotel Spa Vilalba:** luxuriöses Vier-Sterne-Haus mit Spa
*Carretera San Roque*
*www.hotelvillalba.com, Tel. 0034 922 709 930*
*Standard-Doppelzimmer mit Frühstück 70-100 Euro*
*GPS-Wegpunkt 26: 28,16033 -16,64240*

**Hotel Rural Alta Montaña:** gemütliches Mittelklassehotel
*Camino Morro del Cano 1*
*www.hotelaltamontana.com, Tel. 0034 922 709 995*
*Doppelzimmer mit Frühstück um 70 Euro*
*GPS-Wegpunkt 27: 28,15595 -16,63932*

**Hotel El Sombrerito:** einfache, familiäre Pension
*Calle Santa Catalina 15, Tel. 0034 922 709 952*
*Doppelzimmer mit Frühstück 40-60 Euro*
*GPS-Wegpunkt 28: 28,15488, -16,63804*

Alle Unterkünfte sind auch über *www.booking.de* buchbar.

## Teide-Gipfel

Der gleichmäßig geformte Vulkankegel des Teide, der sich noch einmal rund 1500 Meter über die Cañadas erhebt, ist seit 1971 durch eine Seilbahn erschlossen. Die Bergstation befindet sich in einer Höhe von 3555 Metern, ein kleines Stück unter dem Gipfel. Ein sorgsam gepflasterter Weg mit Treppenstufen führt die restlichen 160 Höhenmeter hinauf. Eine alpinistische Herausforderung ist das nicht, allerdings macht die dünne Luft den Anstieg deutlich anstrengender als üblich. Das Gestein ist hier von gelblichen Mineralablagerungen überzogen, bis zu 86 Grad heißer Wasserdampf und schweflig riechende Gase dringen aus Ritzen und Spalten. Nach geologischer Definition ist der Teide ein aktiver Vulkan. Dennoch kann man ihn gefahrlos betreten, denn derzeit ist kein Ausbruch zu befürchten. Der letzte Magmaaustritt am Hauptkrater liegt etwa 1000-1300 Jahre zurück, 1798 gab es eine Eruption an einem Nebenkrater an der Westflanke, den Narices del Teide.

**Pflicht oder nicht?**

- •••• *top, unbedingt machen!*
- ••• *sollte man erlebt haben*
- •• *nette Abwechslung*
- • *man versäumt nicht viel*

*Die Fahrt zur Bergstation ist in jedem Fall ein großartiges Erlebnis und lohnt sich auch ohne den Aufstieg zum Gipfel!*

Der Gipfel ist der höchste Punkt des Kraterrands. Die Aussicht ist gewaltig: 3718 Meter über dem Meer – das ist um rund 750 Meter höher als der Gipfel der Zugspitze und nur 80 Meter weniger als der des Großglockners! Der Krater ist aber nicht viel mehr als eine flache, unspektakuläre Mulde.

*Mit der Seilbahn geht es 1200 Meter nach oben.*

Für den Weg von der Bergstation zum Gipfel gibt es allerdings eine Zugangsbeschränkung: Wenn man nach ganz oben will, muss man sich vorher eine Genehmigung besorgen. Das geht ganz einfach mit einer Reservierung im Internet und kostet auch nichts, da die Plätze aber begrenzt sind und das Kontingent üblicherweise über Wochen ausgebucht ist, sollte man sich in jedem Fall schon vor dem Urlaub darum kümmern. Spontanaktionen haben keine Aussicht auf Erfolg, inoffizielle Schleichwege gibt es nicht. Angesichts des enormen Besucherdrucks, dem diese sensible Landschaft ausgesetzt ist, muss man für solche Beschränkungen Verständnis haben. Eine Ausnahme gibt es aber doch: Wer zu Fuß aufsteigt und die Nacht in der 3260 Meter hoch gelegenen Berghütte Refugio de Altavista verbringt, darf vor neun Uhr morgens ohne Genehmigung zum Gipfel hinauf! Die meisten Bergwanderer brechen so früh am Refugio auf, dass sie den Sonnenaufgang auf dem Gipfel erleben können.

Aber es muss auch nicht unbedingt der Gipfel sein: Von der Bergstation aus kann man kurze Spaziergänge zu zwei Aussichtspunkten unternehmen, für die man keine Genehmigung braucht. Im Nordosten (also links, wenn man ins Tal schaut) befindet sich der **Mirador de la Fortaleza**, von dem aus man eine schöne Aussicht auf den nördlichen Teil der Cañadas mit

Wanderungen

**9 Teide-Abstieg über den Pico Viejo**

*Technik* ●●●●○
*Kondition* ●●●●○

➤ *Seite 159*

*Die Aussicht vom Gipfel ist monumental!*

der Felsformation der Fortaleza hat und bei guter Sicht bis zum Anaga-Gebirge schauen kann. Oft sieht man von hier aus auf die Wolkendecke hinunter, die sich an der Nordküste bildet und aus dieser Perspektive wie ein Meer aus Watte erscheint. In die andere Richtung, nach Südwesten, führt ein rund 800 Meter langer Weg zum **Mirador de Pico Viejo**. Schon der Weg ist interessant: Hellbraune Hänge kontrastieren hier mit dunkelbraunem Lavagestein, weit unten breiten sich die Cañadas aus. Vom Mirador aus hat man einen schönen Blick auf den Krater des Pico Viejo. Dieser Nebenkrater des Teide hat einen Durchmesser von 800 Metern und ist damit sehr viel größer und eindrucksvoller als der Hauptkrater. Der Blick von der Bergstation und den beiden Aussichtspunkten ist bereits gigantisch, so dass sich die Seilbahnfahrt in jedem Fall auch dann lohnt, wenn man nicht zum Gipfel aufsteigen kann. Wenn Zeit oder Motivation nur für einen Aussichtspunkt reichen, sollten Sie zum Pico Viejo gehen, dieser Weg ist der interessantere!

*Die kontrastreiche Felslandschaft am Weg zum Pico Viejo.*

*Der Krater des Pico Viejo ist viel größer als der Gipfelkrater.*

*Wie man hinkommt*

*Die **Seilbahn** ist täglich von 9:00-17:00 Uhr in Betrieb, letzte Bergfahrt gegen 16:00 Uhr. 25,- € pro Person (Berg- und Talfahrt), Kinder bis 13 die Hälfte. Parkplätze sind kostenlos. Die Anfahrt mit dem Bus ist auf Seite 98 beschrieben, beide Linien halten an der Talstation. Weitere Informationen auf www.telefericoteide.com.*

*Von der Bergstation der Seilbahn kann man in Richtung Westen zum **Mirador de Pico Viejo** laufen und in Richtung Nordosten zum **Mirador de la Fortaleza** (jeweils 8-12 Minuten). Diese beiden Wege haben keinen allzu großen Höhenunterschied und sind problemlos zu begehen. Allerdings sind sie mit einem groben Pflaster aus Lavasteinen bedeckt. Wanderstiefel sind nicht unbedingt nötig, aber Turnschuhe sollten es schon sein; Flipflops, Ballerinas und Herrenschuhe mit glatter Ledersohle sind nicht geeignet.*

***Bedenken Sie bitte, dass Sie sich im Hochgebirge befinden!** Es kann hier ohne weiteres 15-20 Grad kühler sein als an der Küste. Das Sonnenlicht ist in dieser Höhe viel stärker als am Meer, weil es nicht durch eine Dunstschicht gefiltert wird, denken Sie also an Sonnenschutz. Empfindliche Menschen können sich durch die dünne Luft möglicherweise unwohl fühlen. Wenn Sie an einer Herzkrankheit leiden, sollten Sie vorher Ihren Arzt fragen.*

*Für den **Aufstieg von der Bergstation zum Gipfel** brauchen Sie eine Genehmigung, die Sie auf www.reservasparquesnacionales.es erhalten (Sprachauswahl oben rechts, dann „Teide“ wählen). Das Verfahren ist unkompliziert und kostet nichts, Sie müssen sich aber für einen bestimmten Tag und ein Zeitfenster von zwei Stunden entscheiden. Die Plätze sind limitiert und in der Regel schon Wochen vorher vergeben. Beim Aufstieg müssen Sie Personalausweis oder Pass dabei haben. Der Gipfelweg ist gepflastert und mit Treppenstufen versehen; er ist ungefähr 650 Meter lang und überwindet einen Höhenunterschied von 163 Metern. Der steile Aufstieg in der dünnen Luft kann Probleme bereiten. Gehen Sie langsam, machen Sie Pausen, überfordern Sie sich nicht! Gehen Sie nicht um jeden Preis nach oben, wenn Sie sich unwohl fühlen! Bei Schneefällen im Winter kann der Zugang für einige Tage vollständig gesperrt werden.*

***Refugio de Altavista:** Der Normalweg von der Straße zum Gipfel beginnt am Parkplatz Montaña Blanca und dauert bis zum Refugio 2-3 Stunden (gut 900 Höhenmeter). Vom Refugio zum Gipfel sind es noch einmal 460 Höhenmeter und etwa 1,5 Stunden. Das Refugio ist*

Wie man hinkommt

*eine Selbstversorgerhütte, man muss das Essen selbst mitbringen. Es stehen aber Küche und Sanitäranlagen zur Verfügung, auch Bettzeug wird gestellt. Eine Reservierung wird empfohlen. Wer im Refugio übernachtet, kann ohne Genehmigung zum Gipfel aufsteigen, muss aber vor 9:00 Uhr wieder an der Bergstation sein. Details und Reservierung: www.refugioaltavista.com, Tel. 0034 922 010 440.*

*Alternativ können Sie auch eine geführte Wanderung auf den Teide buchen (Seite 166). Diese Touren beinhalten die Organisation von Übernachtung und Gipfelaufstieg.*

*GPS-Wegpunkte auf Seite 98*

## *Thema:* Die Kanarische Kiefer

Das Teide-Massiv ist von einem Ring aus Kiefernwäldern umgeben, die man bei einer Fahrt zum Nationalpark durchquert. Diese Corona Forestal, der „Waldkranz", besteht aus nur einer einzigen Baumart, der ausschließlich auf den Kanaren vorkommenden Kanarischen Kiefer *(Pinus canariensis)*. Die Nadeln dieser Bäume werden bis zu 30 cm lang. Wenn Wolken durch die Kiefernwälder ziehen, kondensiert das Wasser an diesen Nadeln und tropft zu Boden. Die dadurch ins Erdreich gelangende Feuchtigkeit ist eine wichtige Ergänzung des Regens und gibt den Wäldern eine große Bedeutung für den Wasserhaushalt der ganzen Insel.

Doch die Kanarische Kiefer hat noch weitere erstaunliche Fähigkeiten: Als einziger Baum ist sie in der Lage, jungvulkanische Gebiete zu besiedeln und daher eine der wichtigsten Pionierpflanzen. Darüber hinaus ist sie nahezu resistent gegen die auf den Kanaren recht häufigen Waldbrände: Die Nadeln und die dünneren Zweige verbrennen zwar, doch der Baum bleibt, geschützt durch die dicke Borke, am Leben und treibt bald nach dem Brand neue Zweige aus.

*Die Kanarische Kiefer gedeiht an unmöglich erscheinenden Standorten.*

# Teil 5

# Der Nordwesten

Der Nordwesten ist eine der ursprünglichsten Gegenden Teneriffas. Die historischen Kleinstädte Icod de los Vinos mit dem „Tausendjährigen" und Garachico mit seinem Lavaschwimmbad sind schöne Ziele für eine Rundfahrt, aber auch die einsame Gegend um Punta de Teno und das einzigartig gelegene Bergdorf Masca faszinieren. Und natürlich sind die tiefsten Schluchten der Insel unwiderstehliche Optionen für anspruchsvolle Wanderer!

## Icod de los Vinos

Icod de los Vinos ist eine der ältesten Ortschaften Teneriffas. Ihre heutige Berühmtheit verdankt sie aber weder ihrer Geschichte noch ihren Gebäuden, sondern dem legendärsten Baum der ganzen Insel: Es ist der „Drago Milenario", der „Tausendjährige Drachenbaum", der Icod zu einem viel besuchten Ausflugsziel macht. Er ist das berühmteste Exemplar des Kanarischen Drachenbaums *(Dracaena draco)*, einer Art, die nur auf den Kanarischen Inseln, auf Madeira, den Kapverden und in einigen Gebieten Nordafrikas vorkommt. Auf Teneriffa sind die Drachenbäume nicht allzu selten und auch häufig in Parks und Gärten zu sehen.

Wenn der Baum verletzt wird, tritt ein dunkelroter Saft aus, der an Blut erinnert und daher auch „Drachenblut" genannt wird. Die kanarischen Ureinwohner verehrten den Baum als heilige Pflanze und setzten seinen Saft für medizinische Zwecke und zur Mumifizierung ihrer Toten ein. Auch nach der spanischen Eroberung wurden dem „Drachenblut" magische Kräfte zugeschrieben, bis ins 19. Jahrhundert war es als medizinisches Produkt begehrt. Der sich daraus ergebende hohe Wert des Saftes hat die Art an den Rand der Ausrottung gebracht. Heute stehen alle Bäume unter Naturschutz, eine wirtschaftliche Nutzung findet nicht mehr statt.

*Der Drago von Icod ist der größte und älteste Drachenbaum der Kanaren.*

Der Drago von Icod ist der älteste und mit einer Höhe von 17 Metern auch der größte auf den Kanaren. Lange Zeit wurde ihm ein enormes Alter von 3000 oder sogar 6000 Jahren angedichtet, was aber in jedem Fall weit übertrieben ist. Der Drago ist kein Baum im eigentlichen Sinn und bildet keine Jahresringe. Daher kann man sein Alter nicht genau bestimmen, nur die Anzahl der Verzweigungen erlaubt eine grobe Schätzung. Heute gehen Wissenschaftler von nur 300 bis 400 Jahren aus. Aber auch wenn er definitiv nicht tausendjährig ist, ist der Drago mit seiner exotischen Form und der archaischen Anmutung eine eindrucksvolle Erscheinung.

**Pflicht oder nicht?**

- ●●●● *top, unbedingt machen!*
- ●●● *sollte man erlebt haben*
- ●● *nette Abwechslung*
- ● *man versäumt nicht viel*

*Der Hype um Icod und den Drago ist übertrieben: Ort und Baum sind ein ganz nettes Ziel, wenn man sowieso in der Nähe ist, aber nichts, was man unbedingt erlebt haben muss.*

Wer ihn aus der Nähe sehen will, muss den **Parque del Drago** betreten, ein ummauertes Grundstück unmittelbar um den Baum herum. Mit einem bescheidenen botanischen Garten und etwas Information versucht man, den üppigen Preis zu rechtfertigen, besonders interessant ist der Park jedoch nicht. Einen viel besseren (und obendrein kostenlosen) Blick auf den Drago hat man nämlich von der nebenan gelegenen **Plaza Lorenzo Cáceres**. Der hübsche, terrassenartig am Hang angelegte Platz bietet auf der Vorderseite eine schöne Aussicht hinunter zur Nordküste. Den Mittelpunkt bildet die **Iglesia de San Marco** aus dem 16. Jahrhundert. Die Kirche ist ein schönes Beispiel für die typisch kanarische Sakralarchitektur, bemerkenswert sind das Renaissanceportal und die aufwendig gestaltete Holzdecke. Über die Jahrhunderte hat sich hier eine große Zahl bemerkenswerter sakraler Kunstschätze gesammelt.

*Das kleine Zentrum um Plaza Lorenzo Cáceres und Plaza de la Constitución besteht aus schönen alten Gebäuden.*

Icod des los Vinos ist schon seit dem 16. Jahrhundert ein Zentrum des Weinbaues auf Teneriffa, und noch heute wird in der Gegend Wein hergestellt, wenn auch in geringem Ausmaß. In früheren Zeiten brachte das profitable Geschäft einen gewissen Wohlstand in die kleine Gemeinde. Dieser Status wird heute noch in den historischen Bürgerhäusern sichtbar, die die kleine **Plaza de la Constitución** hinter der Kirche umgeben. Allerdings ist das Zentrum doch sehr klein und mutet eher dörflich an, schnell hat man alles gesehen. Die historischen Sehenswürdigkeiten werden durch das **Mariposario** ergänzt, das Schmetterlingshaus unterhalb der Plaza Lorenzo Cáceres: In einer kleinen Halle mit zahlreichen Pflanzen wird man von unterschiedlichsten Arten tropischer Schmetterlinge umschwirrt. Ein tolles Erlebnis, zumal man hier Arten mit sehr schönem Flug ausgesucht hat, aber (wie auch der Parque del Drago) doch ein wenig überteuert.

Trotz der begrenzten Zahl an Attraktionen ist Icod de los Vinos heute eines der meistbesuchten Ausflugsziele Teneriffas, was einen etwas überdreht wirkenden Trubel zur Folge hat. Man wird den Eindruck nicht los, dass der zwar ganz nette, aber eben doch sehr kleine Ort einfach nur geschickt verkauft wird und jeder ein bisschen mitschneiden will. Immerhin bemüht man sich um eine gepflegte Atmosphäre mit Betonung auf Tradition und Regionalität; in den zahlreichen Souvenirläden kann man Kunsthandwerk und andere ortstypische Produkte kaufen, die hier ansässigen Bodegas bieten kostenlose Weinproben an.

**Wie man hinkommt**

*Folgen Sie in Icod der Beschilderung zum „Parque del Drago". Links befindet sich ein kostenpflichtiges Parkhaus, das Sie benutzen sollten, weil es sonst kaum Parkmöglichkeiten gibt. Von dort sind es knapp 150 Meter bis zum Zentrum mit Plaza und Drachenbaum. Mit dem Bus: Linien 106 und 108 ab Santa Cruz, Linie 354 ab Puerto, Linie 460 ab Costa Adeje.*

*Parque del Drago: tägl. 9:30-19:00 Uhr, Eintritt 4,00 €, Rentner und Schüler 2,50 €*

*Mariposario del Drago: tägl. 10:00-18:00 Uhr, im Sommer bis 19:00 Uhr. Erwachsene 8,50 €, Kinder von 3-12 Jahren 5,00 €, Rentner und Studenten 7,00 €. www.mariposario.com, Tel. 0034 922 815 167*

*GPS-Wegpunkte: Plaza Nr. 29 28,36740 -16,72161, Parkhaus Nr. 30 28,36788 -16,72028*

## Cueva del Viento

Ein paar Kilometer oberhalb von Icod de los Vinos befindet sich die Cueva del Viento. Bei der „Höhle des Windes" handelt es sich um einen der längsten Lavatunnel der Welt. Ein solcher Lavatunnel entsteht, wenn bei einem Vulkanausbruch extrem heiße und daher sehr dünnflüssige Lava austritt und einen Hang hinunter strömt. Erkaltet dieser schnell fließende Lavafluss an seiner Oberfläche, kann sich dort eine feste Kruste bilden. Beim Versiegen des Lavastroms fließt der Rest der noch heißen und flüssigen Lava aus und hinterlässt eine leere Röhre. Dies geschieht allerdings so selten, dass es nur wenige große Lavahöhlen auf der Erde gibt.

**Pflicht oder nicht?**

- •••• *top, unbedingt machen!*
- ••• *sollte man erlebt haben*
- •• *nette Abwechslung*
- • *man versäumt nicht viel*

*Die Cueva del Viento ist ein außergewöhnliches Naturmonument. Wer einen „Showeffekt" erwartet, wird aber enttäuscht sein, Interesse am Thema ist Voraussetzung.*

Die Cueva del Viento entstand bei einem Ausbruch des Pico Viejo, einem Nebenkrater des Teide, vor etwa 27.000 Jahren. Sie ist eine der längsten Lavahöhlen der Erde: Bisher ist eine Länge von 18,5 Kilometern dokumentiert, und es ist durchaus möglich, dass noch weitere Gänge gefunden werden. Der Tunnel hat einen elliptischen Querschnitt von einigen Metern Durchmesser, so dass man aufrecht hindurch gehen kann. Die dunkle Röhre erscheint leblos, aber dieser Eindruck täuscht: Wurzeln der darüber wachsenden Bäume durchdringen die Höhlendecke und bringen Wasser und organisches Material hinein, das ein besonderes Ökosystem ermöglicht. Rund 120 Tierarten hat man hier gefunden, die meisten davon Wirbellose wie Insekten, Spinnen und Asseln, die speziell an das Leben in der Dunkelheit angepasst sind.

Die Höhle ist schon seit Jahrhunderten bekannt, wird aber erst seit 1969 intensiv erforscht und dokumentiert. Seit 2008 ist sie öffentlich zugänglich und kann mit einer Führung besucht werden, die etwas mehr als zwei Stunden dauert. Die Cueva del Viento ist allerdings keine hübsch aufbereitete Schauhöhle mit Lichteffekten und Musik, man hat sie weitgehend im natürlichen Zustand gelassen. Bei der Führung sieht man nicht nur die Höhle, man bekommt auch ausgesprochen detailreiche Erläuterungen über ihre Entstehung mit einigen Exkursen über Geologie und Kulturgeschichte Teneriffas. Das Personal ist mit großem Engagement dabei, allerdings setzen die ausführlichen und faktenlastigen Erklärungen die Bereitschaft voraus, sich auf das Thema einzulassen.

*Die Cueva del Viento ist einer der längsten Lavatunnel der Erde.*

*Die Höhle ist nur mit einer Führung zugänglich. Treffpunkt ist das Besucherzentrum, von dort aus wird man mit Minibussen zum Höhleneingang gebracht. Der Weg ist von Icod aus beschildert (TF-336 nach El Amparo), eine Busverbindung gibt es nicht. Führungen finden an allen Tagen außer Sonntag und Montag in verschiedenen Sprachen statt, einmal täglich auch auf Deutsch. Eine Anmeldung per Telefon oder E-Mail einige Tage vorher ist notwendig (das Personal spricht englisch, teilweise auch deutsch). Die genauen Zeiten erfährt man bei der Anmeldung. Erwachsene 16,- €, Kinder von 5-14 5,- €, Kinder unter 5 Jahren dürfen nicht hinein.*

*Die Temperatur in der Höhle liegt bei 12-14 Grad, nehmen Sie also etwas Warmes zum Anziehen mit. Außerdem sind lange Hosen und feste Schuhe mit dicker Sohle (Turnschuhe oder besser Wanderschuhe) nötig, da der Boden uneben und scharfkantig ist. Helme und Stirnlampen werden ausgeliehen. Der Zugang zur Höhle ist einfach, besondere Sportlichkeit ist nicht nötig.*

*www.cuevadelviento.net, Tel. 0034 922 815 339*

*GPS-Wegpunkt 31: 28,35209, -16,70404*

*Wie man hinkommt*

## Garachico

Das auf einer Lavaebene an der ansonsten sehr steilen Nordküste gelegene Garachico ist so klein, dass es auf den ersten Blick wie ein Fischerdorf wirkt. Doch der dörfliche Eindruck täuscht: Die Stadt wurde schon 1496, unmittelbar nach der Eroberung Teneriffas durch die Spanier, von einem genuesischen Kaufmann gegründet und entwickelte sich bald zu einem der großen Handelszentren der Insel. Im 16. und 17. Jahrhun-

*Das Castillo de San Miguel schützte einen wichtigen Handelshafen.*

**Pflicht oder nicht?**

- ●●●● *top, unbedingt machen!*
- ●●● *sollte man erlebt haben*
- **●● *nette Abwechslung***
- ● *man versäumt nicht viel*

*Garachico ist ziemlich klein, trotzdem sind das historische Zentrum und die Lavabecken ein schönes Ausflugsziel.*

dert war es sogar der wichtigste Exporthafen Teneriffas, von hier aus wurden Agrarprodukte wie Zucker und Wein nach Europa verschifft. Im Mai 1706 kam allerdings ein plötzliches Ende: Der Lavastrom eines sechs Kilometer entfernten Vulkanausbruches zerstörte Teile der Stadt. Viel schlimmer war aber, dass die Lava direkt in den Hafen floss und ihn unbenutzbar machte. Garachico verlor den wichtigsten Teil seiner Infrastruktur und versank in der Bedeutungslosigkeit, La Orotava übernahm die Rolle als führendes Handelszentrum.

Garachico ist seitdem kaum noch gewachsen und ein kleiner Ort geblieben. Das Zentrum gruppiert sich um die baumbestandene **Plaza de la Libertad** mit ihrem hübschen Pavillon. Das angrenzende ehemalige Kloster **San Francisco** aus dem 16. Jahrhundert bildet eine schöne Kulisse für den Platz. Das Gebäude hat die Katastrophe von 1706 unbeschadet überstanden, heute sind hier das Rathaus und ein Kulturzentrum untergebracht. Das gegenüberliegende Herrenhaus der Marqueses de La Quinta Roja ist zu einem stilvollen Boutiquehotel geworden. Auf der anderen Seite der Plaza beherrscht die große Hauptkirche **Ermita de Santa Ana**, die nach der Zerstörung durch den Vulkanausbruch im 18. Jahrhundert neu errichtet wurde, das Ortsbild. In den umgebenden Gassen erinnern viele historische Adelspaläste und Bürgerhäuser an

*Garachicos Geschichte als Handelszentrum hat viele historische Bauten hinterlassen.*

die große Zeit. Das kleine **Castillo de San Miguel** an der felsigen Küste wurde 1575 errichtet, um den wertvollen Hafen vor den damals häufigen Piratenüberfällen schützen zu können.

Die historischen Gebäude sind allerdings nicht der einzige Grund für einen Besuch. Es ist noch eine weitere Attraktion, die Garachico heute zu einem interessanten Ausflugsziel macht: Der alte Hafen, den der Vulkanausbruch von 1706 zerstörte, wurde zu einem Schwimmbad ausgebaut! Die Lavaströme haben die kleine Bucht in verschiedene längliche Becken unterteilt, in denen man, gut geschützt vor der Brandung, einen Badetag der besonderen Art verbringen kann. Die Lavabecken von Garachico sind eine der originellsten Bademöglichkeiten Teneriffas und erfreuen sich bei Einheimischen und Touristen gleichermaßen großer Beliebtheit. Ein paar Restaurants und Cafés an der Uferstraße tragen weiterhin dazu bei, dass man hier sehr gut einen entspannten Nachmittag verbummeln kann.

Einen schönen Blick auf Garachico hat man vom **Mirador del Emigrante** an der Straße nach Buenavista del Norte. Das Denkmal des Emigranten, der sein Herz in der Heimat zurückgelassen hat, erinnert an die vielen Kanarier, die die Inseln in der wirtschaftlich schwierigen Zeit im 19. und frühen 20. Jahrhundert verlassen haben, um sich in Lateinamerika eine neue Existenz aufzubauen.

**14 Zum Garachico und um den Chinyero**

*Technik* ●●○○○
*Kondition* ●●○○○

➤ *Seite 178*

Wanderungen

*Die Lavabecken gehören zu den originellsten Badeplätze Teneriffas!*

**Wie man hinkommt**

*Es gibt einen großen, kostenlosen Parkplatz am westlichen Ortsende. Am Samstag und Sonntag können Sie auch den Parkplatz am hässlichen Industriegebäude direkt daneben benutzen. Von hier aus sind es 300 Meter zu den Lavabecken und 400 Meter ins Zentrum. Alternativ können Sie auch an der Durchgangsstraße parken. Buslinie 363 ab Puerto de la Cruz, Linie 107 ab Santa Cruz über Puerto. Die Lavabecken sind immer zugänglich und kostenlos.*

*GPS-Wegpunkte: Plaza Nr. 32 28,37319 -16,76459, Lavabecken Nr. 33 28,37332 -16,76608, Parkplatz Nr. 34 28,37186 -16,76797*

## *Tipp:* Boutiquehotels in Garachico

In Garachico gibt es keine große Hotelanlagen, die meisten Besucher kommen nur zu einem Ausflug hierher. Gleich drei luxuriöse Boutiquehotels, alle in kleinen, historischen Gebäuden mit jahrhundertelanger Geschichte, machen die Stadt aber zu einer sehr interessanten Option für anspruchsvolle Touristen, die individuelle, stilvolle Unterkünfte bevorzugen!

***Hotel San Roque**, Calle Esteban de Ponte 32*
*www.hotelsanroque.com, Tel. 0034 922 133 435*
*Standard-Doppelzimmer mit Frühstück 200-220 Euro*
*GPS-Wegpunkt 35: 28,37431 -16,76429*

***Hotel La Quinta Roja**, Glorieta San Francisco (an der Plaza)*
*www.quintaroja.com, Tel. 0034 922 133 377*
*Standard-Doppelzimmer mit Frühstück 120-150 Euro*
*GPS-Wegpunkt 36: 28,37356 -16,76427*

***Gara Hotel**, Calle Esteban de Ponte 7*
*www.garahotel.com, Tel. 0034 922 83 11 68*
*Standard-Doppelzimmer mit Frühstück 90-120 Euro*
*GPS-Wegpunkt 37: 28,37314 -16,76569*

*Alle Hotels (hier das Quinta Roja) befinden sich in historischen Gebäuden.*

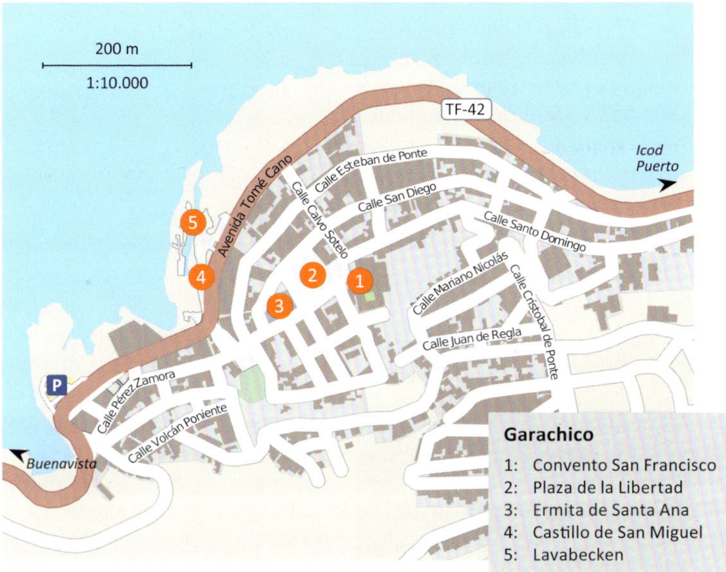


## Punta de Teno

Wenn man auf der TF-445 von Buenavista del Norte Richtung Punta de Teno fährt, wird man von riesigen, einschüchternden Schildern empfangen: Die Straße sei wegen Steinschlaggefahr gesperrt, die Befahrung „strengstens untersagt“. Komisch nur, dass trotzdem dauernd Mietautos mit Touristen entgegen kommen! Fragt man die Einheimischen, erfährt man Folgendes: Die Befahrung sei überhaupt nicht verboten, die Schilder bedeuten nur, dass man auf eigene Gefahr unterwegs sei. Nur bei starkem Regen solle man die Straße meiden, weil sich dann Steine von der darüber liegenden Felswand lösen können.

**Pflicht oder nicht?**

•••• *top, unbedingt machen!*
••• *sollte man erlebt haben*
•• *nette Abwechslung*
• *man versäumt nicht viel*

*Die wilde Landschaft von Punta de Teno ist ein hübsches Ziel für einen kleinen Abstecher.*

Tatsächlich sollte man sich auf das kleine Abenteuer einlassen: Die schmale Straße führt spektakulär an steilen Felswänden entlang und durch einen finsteren

**Wie man hinkommt**

*Die TF-445 führt von Buenavista del Norte zur Punta de Teno. Keine Busverbindung. Befahren Sie die Straße nicht bei starken Regenfällen!*

*GPS-Wegpunkt 38: 28,34304, -16,91999*

Tunnel. Nach einigen Kilometern erreicht man eine kleine Ebene, eine raue, vulkanisch geprägte Landschaft mit nur spärlicher Vegetation. Der von dunklen Lavafelsen umgebene Leuchtturm Faro de Teno markiert seit 1976 das Nordwestende Teneriffas, daneben sieht man noch den Vorgängerbau von 1893. La Gomera ist nicht einmal 30 Kilometer entfernt und erscheint zum Greifen nah, bei günstigem Wetter kann man auch die weiter im Norden gelegene Insel La Palma sehen. In Richtung Süden hat man einen schönen Blick auf die Steilküste Acantilados de los Gigantes, ein praktisch unzugänglicher Küstenabschnitt. Ein paar winzige

*Die Landschaft an der Punta de Teno ist karg und wüstenhaft.*

*Dunkle Lavafelsen bilden das nordwestlichste Ende Teneriffas.*

Kiesstrände und Felsbuchten auf beiden Seiten des Kaps bieten hübsche Bademöglichkeiten, die auch die Einheimischen schätzen: Am Wochenende kann es hier durchaus recht voll werden!

**17 Über den Camino del Risco**

*Technik* ●●●○○
*Kondition* ●●●○○

➤ *Seite 190*

Wanderungen

## Teno-Gebirge und Masca

Den Abschluss der Insel im äußersten Westen bildet das kleine Teno-Gebirge. Die Gipfel erreichen hier nur Höhen um die 1000 Meter; trotzdem ist es eine eindrucksvolle Landschaft, denn durch die speziellen geologischen Gegebenheiten sind die Hänge hier steiler und die Schluchten tiefer als irgendwo sonst auf Teneriffa, die Gipfel und Grate erscheinen als scharfe Zacken. Die Landschaft wird von Stein und Fels dominiert, die Vegetation beschränkt sich auf niedriges Buschwerk.

Die Hauptattraktion im Teno-Gebirge ist das Bergdorf **Masca**, das oft als „schönstes Dorf Teneriffas" bezeichnet wird. Masca ist

Pflicht oder nicht?

●●●● *top, unbedingt machen!*
●●● *sollte man erlebt haben*
●● *nette Abwechslung*
● *man versäumt nicht viel*

*Nur wegen der paar Häuser von Masca müsste man nicht kommen, aber die Landschaft des Teno ist eine Rundfahrt wert!*

*Die schönste Aussicht im Teno hat man von der Degollada de Cherfe.*

sehr klein und hat keine herausragenden Gebäude. Der Reiz des Dorfes liegt in seiner außergewöhnlichen Lage an einem Berghang im Teno-Gebirge, rund 650 Meter über dem Meer inmitten atemberaubender Schluchten. Die in traditioneller Bauweise errichteten Häuser drängen sich an den steilen Berghang, der mit kleinen Terrassenfeldern nutzbar gemacht wurde. Über Jahrhunderte war Masca einer der abgelegensten und einsamsten Orte der Insel und nur über Fußpfade erreichbar, erst seit 1970 führt eine schmale, kurvige Straße dorthin. Seitdem hat sich allerdings viel verändert: Heute ist Masca eines der meistbesuchten Ausflugsziele der ganzen Insel und wird von Tagestouristen aus den Ferienorten überrannt. Tag für Tag schiebt sich außer einer endlosen Kolonne von Mietautos noch eine große Zahl von Ausflugsbussen die für diesen Verkehr überhaupt nicht geeignete Straße hinunter. Einsamkeit und ländliche Ursprünglichkeit sollte man hier also besser nicht erwarten.

Direkt unterhalb des Dorfes beginnt der **Barranco de Masca**, eine der tiefsten Schluchten der Insel. Vom Aussichtspunkt vor dem Felszacken Roque Catana bekommt man einen kleinen Eindruck von dieser Landschaft. Um den Barranco wirklich zu erleben,

*Die Häuser und Gassen sind hübsch herausgeputzt.*

**Wie man hinkommt**

*An der TF-436, die oberhalb an Masca vorbeiführt, befindet sich ein Parkplatz. Er ist nicht sehr groß und in der Regel überfüllt, Ausweichmöglichkeiten in der Nähe gibt es nicht. Kommen Sie am besten vor 10 Uhr oder nach 17 Uhr und möglichst nicht am Wochenende! Die schmale und kurvenreiche Straße kann für unsichere Fahrer problematisch sein, vor allem zwischen Santiago del Teide und Masca. Mit dem Bus: Linie 355 von Buenavista über Masca nach Santiago, dort Anschluss an die Linie 460 nach Costa Adeje/Playa Américas.*

*GPS-Wegpunkt 39: 28,30557 -16,84041*

muss man aber etwas mehr Mühe auf sich nehmen: Der Abstieg durch die Schlucht hinunter zum Meer ist eine der populärsten Wanderungen Teneriffas, ein spektakuläres, aber auch recht anspruchsvolles Abenteuer (➤ Wanderung 16, Seite 186). Außer einer hübschen Aussicht sowie einigen Souvenirläden und Restaurants gibt es in Masca allerdings nicht viel zu sehen, der Hype um das Dorf ist übertrieben.

Die Fahrt lohnt sich aber dennoch, alleine schon wegen der großartigen Aussichtspunkte an der Straße von Santiago del Teide nach Buenavista del Norte, die den schönsten Teil des Teno-Gebirges durchquert. Von vielen Stellen aus hat man einen großartigen Blick zur benachbarten Insel La Gomera, am Passübergang Degollada de Cherfe zwischen Santiago und Masca breitet sich ein eindrucksvolles Panorama aus. Eine gewisse Souveränität am Lenkrad ist allerdings Voraussetzung, um auf der engen und durchaus verkehrsreichen Straße Spaß zu haben! Eine gute Idee ist es, erst am späten Nachmittag oder am Abend zu kommen: Dann ist kaum noch etwas los, und im Licht der tiefstehenden Sonne ist das Teno-Panorama ohnehin am schönsten.

*Masca beeindruckt durch seine einzigartige Lage im Teno-Gebirge.*

**15 Zur Finca de Guergues**

*Technik* ●●●○○
*Kondition* ●●●○○

➤ *Seite 182*

**16 Durch den Barranco de Masca**

*Technik* ●●●●○
*Kondition* ●●○○○

➤ *Seite 186*

Wanderungen

## *Tipp:* Rundfahrt durch den Nordwesten

Im Nordwesten Teneriffas gibt es eine Reihe von Attraktionen, die sich gut zu einer tagesfüllenden Rundfahrt kombinieren lassen! Unterwegs kommen Sie an vielen Aussichtspunkten vorbei, die einen kurzen Stopp lohnen, und bekommen einen schönen Eindruck vom Teno-Gebirge.

Fahren Sie, aus Richtung Costa Adeje kommend, zunächst über Santiago del Teide auf der TF-82 nach Icod de los Vinos (➤ Seite 106). Wenn Sie aus Richtung Puerto de la Cruz kommen, steigen Sie hier in die Rundfahrt ein. Nach der Besichtigung des Drachenbaumes können Sie sich in den Lavabecken von Garachico (➤ Seite 111) erfrischen und dort etwas essen, bevor es zur Punta de Teno (➤ Seite 115) weitergeht. Lassen Sie sich Zeit bis zum späten Nachmittag und fahren Sie dann erst von Buenavista aus nach Masca (➤ Seite 117), wo sich der Betrieb inzwischen deutlich gelegt hat. In Santiago del Teide erreichen Sie wieder den Beginn der Runde.

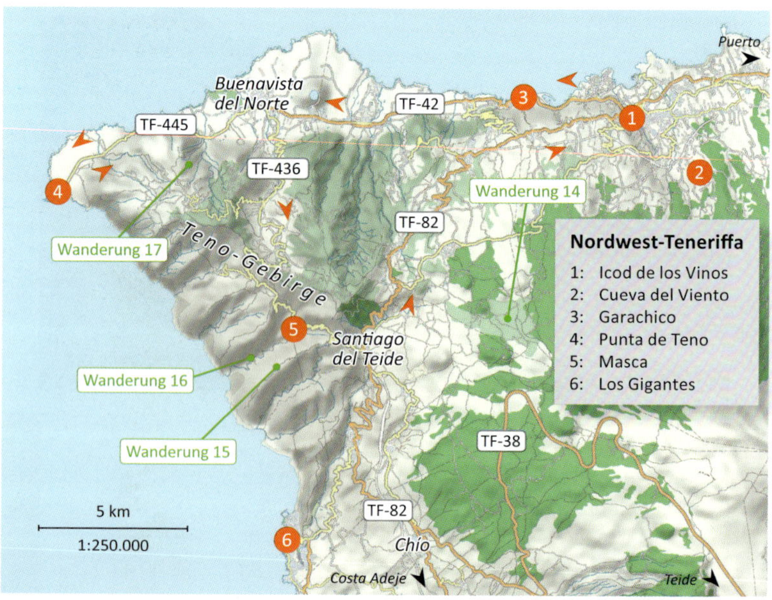

## Los Gigantes

Der Doppelort Los Gigantes/Puerto de Santiago (meistens zusammenfassend als Los Gigantes bezeichnet) ist eines der kleineren Touristenzentren Teneriffas. Es geht hier deutlich ruhiger und gediegener zu als im Megakomplex Los Cristianos/Costa Adeje, einen historischen Ortskern und nennenswertes einheimisches Leben gibt es jedoch auch hier nicht. Der Doppelort ist landschaftlich recht hübsch am Südende des Teno-Gebirges gelegen und zieht sich aussichtsreich einen steilen Hang hinauf. Direkt nördlich der letzten Häuser beginnen die namensgebenden, bis zu 800 Meter hohen Felswände „Acantilados de los Gigantes", mit denen das Teno-Gebirge hier einen spektakulären Abschluss findet. Der kleine Hafen **Puerto Deportivo** ist der übliche Ausgangs- und Endpunkt der großartigen Wanderung durch die Masca-Schlucht, die sich in der Steilküste verbirgt (➤ Seite 186). Außerdem kann man hier verschiedene Ausflugsfahrten unternehmen, darunter auch Walbeobachtungstouren (➤ Seite 22).

**Pflicht oder nicht?**

- ● ● ● ● *top, unbedingt machen!*
- ● ● ● *sollte man erlebt haben*
- ● ● *nette Abwechslung*
- ● *man versäumt nicht viel*

*Als Urlaubsquartier ist Los Gigantes eine Überlegung wert, als Ausflugsziel ist es nicht wirklich interessant.*

Die **Playa de los Guios** hinter dem Hafen ist mit ihrem feinen, grauen Sand und dem imposanten Hintergrund der Steilküste sehr reizvoll. Insgesamt sieht es mit

*Los Gigantes ist landschaftlich recht hübsch gelegen.*

Stränden aber nicht ganz so gut aus: Weiter südlich folgt erstmal nur eine zugebaute Felsküste ohne Bademöglichkeiten, und nach Norden geht es ohnehin nur mit dem Boot weiter. Die hübsche Badelandschaft des Freibads **El Laguillo** südlich des Hafens entschädigt ein wenig für diesen Mangel. Erst im flacheren Puerto de Santiago gibt es noch weitere Strände: Zunächst die winzige, aber recht hübsche **Playa de Santiago** in einer engen Bucht, die bis heute auch als Hafen für kleine Fischerboote genutzt wird, und schließlich die **Playa de la Arena**. Sie ist rund 150 Meter lang, gepflegt und mit dem dunklen Sand der wohl schönste Strand der Gegend.

Durch die kurvigen Straßen sind die Wege im Ort recht lang, vom Hafen zur Playa de la Arena sind es fast drei Kilometer. Wenn man es ruhig mag und nicht unbedingt einen Strand vor der Tür haben muss, ist Los Gigantes aber eine Überlegung wert. Auch für einen Wanderurlaub ist es ein durchaus geeignetes Standquartier, weil das Teno-Gebirge quasi vor der Tür liegt und auch das Teide-Gebiet gut zu erreichen ist.

*Direkt hinter der Playa de los Guios beginnt die Steilküste.*

**Wie man hinkommt**

*Kostenlose Parkplätze an allen Straßen, rund um den Hafen ist es aber schwer, etwas zu finden. Mit dem Bus: Linien 473 und 477 von Los Cristianos über Costa Adeje, Linie 325 von Puerto de la Cruz. Alle Linien fahren durch Los Gigantes und Puerto de Santiago über Playa de la Arena.*

***El Laguillo:** täglich 9:30-18:30 Uhr, Eintritt 3,50 €*

***Whale Watching:** tägliche Fahrten von verschiedenen Anbietern, z.B.*
*www.maritimaacantilados.com, 0034 922 861 918*
*www.ocean-explorer.net, Tel. 0034 687 395 856*
*www.dolphinwhalewatch.com, Tel. 0034 922 860 332*

*GPS-Wegpunkte: Playa de los Guios Nr. 40 28,24782 -16,84026, Playa de Santiago Nr. 41 28,23711 -16,84271, Playa de la Arena Nr. 42 28,22976 -16,84086*

Los Gigantes und Puerto de Santiago
1: Playa de los Guios
2: Puerto Deportivo
3: El Laguillo
4: Playa de Santiago
5: Playa de la Arena
Los Gigantes
Puerto de Santiago
Calle del Hibisco
Calle Petunia
Calle Hondura
C. Cal. Jurado
Avenida Marítima Puerto de Santiago
Calle Larijal
Tamaimo Santiago
TF-454
TF-47
Playa de San Juan
400 m
1:20.000

# Die Wanderungen

Bei der Auswahl der 17 schönsten Wanderungen der Insel waren ein hoher Erlebniswert und eine große Vielfalt die wichtigsten Kriterien. Die attraktivsten Wandergebiete Teneriffas sind der Teide-Nationalpark (Wanderungen 7-12) und das Anaga-Gebirge (Wanderungen 1-5), gefolgt vom Teno-Gebirge (Wanderungen 15-17). Außerhalb dieser Gebiete verdienen die außergewöhnlichen Landschaften, die von den Wanderungen 6, 13 und 14 berücksichtigt werden, besondere Beachtung.

*Bitte beachten Sie die Tourenblätter in der hinteren Umschlagklappe!*

## Tourendetails und Bewertungssystem

Der Anspruch der Wanderungen ist mit einem differenzierten Bewertungssystem dargestellt, das die Anforderungen an Kondition und Technik unabhängig voneinander in jeweils fünf Stufen bewertet.

Die Bewertung des **Anspruches an die Kondition** berücksichtigt Gehzeit, Wegstrecke und Höhenunterschied. Mit 1 sind sehr einfache Kurzwanderungen ohne wesentlichen Höhenunterschied bewertet, die für absolut jeden machbar sind. Touren der Stufe 3 sind mittelschwere Halbtageswanderungen, für die ein durchschnittliches Maß an Sportlichkeit ausreicht. Stufe 5 bezeichnet sehr anspruchsvolle Ganztagestouren, die ein hohes Maß an Fitness und Kondition voraussetzen und auch für sportliche Menschen fordernd sind.

Die Zahlen zu **Weglänge, Höhenmeter in Auf- und Abstieg sowie Gehzeit** geben detaillierten Aufschluss. Die Gehzeit versteht sich grundsätzlich ohne Pausen! Bitte beachten Sie, dass sich die Gehzeiten individuell sehr stark unterscheiden können, insbesondere bei Strecken mit großen Höhendifferenzen.

Der **Anspruch an die Technik** bewertet unabhängig davon den Schwierigkeitsgrad der Wegstrecke: Hier fließen Faktoren wie rutschige Oberflächen, komplizierte Abstiegspassagen oder Wegstrecken, die Höhenangst hervorrufen können, in die Bewertung mit ein. Mit 1 sind hier sehr einfache Wege bewertet, die auch mit leichtem Schuhwerk begangen werden können, vergleichbar mit Parkwegen. Touren der Stufe 2 sind etwas anspruchsvoller, aber immer noch für fast jeden machbar. Wanderungen der Stufe 3 erfordern ein gewisses Maß an Geländeerfahrung; ab dieser Stufe sollten Sie Wanderschuhe tragen, da hier die Strecken uneben und steil sein können. Bei Stufe 4 sind sehr steile, geröllige oder rutschige Passagen, stark ausgesetzte Wege sowie leichte Kletterstellen möglich. Stufe 5 ist das Maximum, das man noch ohne spezielle Sicherungsausrüstung verantworten kann. Diese Touren erfordern Erfahrung und ein gesundes Maß an Selbsteinschätzung, da sie über sehr komplizierte Auf- oder Abstiegspassagen, Kletterstellen und extrem ausgesetzte Wege führen können. Der Absatz **Anforderungen** erklärt ausführlicher den Wegzustand und die spezifischen Schwierigkeiten der Strecke. Wenn spezielle Ausrüstung nötig sein sollte, wird hier darauf hingewiesen.

**Bitte beachten Sie,** dass Bewertungen und Gehzeitangaben nur als Anhaltspunkte zu verstehen sind und Ihr persönliches Verantwortungsgefühl auf keinen Fall ersetzen können! Gehen Sie mit hohen Werten beurteilte Touren nur, wenn Sie bereits Erfahrung mit ähnlich anspruchsvollen Wanderungen haben und sich dabei sicher fühlen! Autor und Verlag übernehmen keine Haftung für Unfälle, die durch eine Fehleinschätzung aufgrund der Bewertungen entstehen.

## Las vueltas de Taganana

„Las vueltas de Taganana" bedeutet „die Kurven von Taganana". Der Name bezieht sich auf die zahllosen Kehren, mit denen sich dieser uralte Handelsweg vom Kamm des Anaga-Gebirges nach Taganana hinunterwindet. Noch bis vor wenigen Jahrzehnten war dies die einzige Verbindung des abgelegenen Dorfes zum Rest der Insel. Heute ist der prachtvolle Königsweg eine der schönsten Wandermöglichkeiten im Anaga-Gebirge!

Ein Hohlweg mit in den Fels geschlagenen Treppenstufen führt uns sofort mitten hinein in den „Laurisilva", der den Hochlagen des Anaga-Gebirges ihre einzigartige Atmosphäre gibt (➤ Seite 56). Mit zahlreichen Serpentinen überwindet der breite Weg die mehr als 500 Höhenmeter hinunter nach Taganana. Schließlich weicht der Wald einer ehemals bewirtschafteten Zone mit kleinen, heute allerdings aufgegebenen Terrassenfeldern. Wir gehen aber nicht ganz hinunter, sondern biegen ein Stück oberhalb des Dorfes ab, um zur Passhöhe La Cumbrecilla aufzusteigen, die früher ein wichtiger Knotenpunkt war. Danach geht es auf steilen, schmalen Pfaden, von denen heute noch ein ganzes Netz das Anaga-Gebirge durchzieht, zum Ausgangspunkt zurück.

*Die Wanderung beginnt auf einem historischen Hohlweg.*

Eckdaten

| | | |
|---|---|---|
| **Anspruch Technik:** | ●●●○○ | *mittel* |
| **Anspruch Kondition:** | ●●●○○ | *mittel* |
| **Länge:** | *5,6 km* | |
| **Höhenunterschied:** | *Auf- und Abstieg jeweils 560 m, Durchschnitt Steigung/Gefälle jeweils 10,0 %* | |
| **Gehzeit:** | *2:10-3:00 Stunden (ohne Pausen)* | |

***Anforderungen:*** *Eine zwar recht kurze, durch den starken Höhenunterschied aber anstrengende Tour. Da alle steilen Passagen in Serpentinen angelegt oder mit Stufen versehen sind, ist der Weg nicht allzu schwierig, er kann bei Regen aber schlammig und rutschig sein.*

***Wegmarkierungen:*** *Der Wegverlauf ist nur teilweise gekennzeichnet, im letzten Abschnitt sind Orientierungsprobleme durch zahlreiche abzweigende Wege nicht auszuschließen.*

***Anfahrt mit dem Auto:*** *Über die Anaga-Kammstraße TF-12. 750 Meter östlich der Casas de la Cumbre (4,1 km westlich der Abzweigung nach San Andrés) befindet sich auf der nördlichen Seite der Straße ein Haus mit rosa Fassade, das Forsthaus von Taganana (w01-01). Direkt daneben ist ein kleiner Parkplatz.*

***Anfahrt mit dem Bus:*** *Mit Linie 76 oder 77 ab La Laguna bis Casa Forestal de Anaga.*

Wegbeschreibung

Wir beginnen die Wanderung nicht auf dem bergab führenden Fahrweg, sondern auf dem schmalen Fußweg, der direkt am Forsthaus vorbei bergauf führt. Eine verblichene Holztafel weist ihn als „antiguo camino real" aus. Wir steigen über einige in den Fels geschlagene Treppenstufen und erreichen nach wenigen Minuten eine Weggabelung an einer gemauerten Schutzhütte (w01-02). Hier gehen wir links weiter. Der Weg windet sich von nun an in Serpentinen steil ins Tal hinunter und ist nicht mehr zu verfehlen.

Schließlich verlassen wir die Waldzone, unten kommt Taganana in Sicht. Der Weg führt jetzt am oberen Rand einer Schlucht entlang, an einigen umzäunten Gartengrundstücken vorbei. Nach einem verfallenen weißen Häuschen erreichen wir eine Abzweigung, die man leicht übersehen kann: Rechts steht meterhohes Schilf, etwa zehn Meter vor uns an der Mauer ist ein weiß-gelbes Wegzeichen, etwas weiter unten sieht man deutlich zwei große Palmen. Noch vor dem Wegzeichen und den Palmen führt ein schmaler Pfad an Trockenmauern vorbei links nach oben (w01-03). Auf diesem Pfad erreichen wir eine betonierte Piste, der wir nach links folgen (w01-04). Nach nur etwa 60 Metern auf der Piste biegen wir wiederum nach links auf eine weitere Piste mit Steinpflaster ab (w01-05, Wegweiser Richtung Casa Forestal/Las Vueltas und La Cumbrecilla/Afur). Schließlich, an einer vierten Abzweigung nach 80 Metern, geht es nach rechts auf einen schmaleren Weg mit einigen Treppenstufen am Beginn (w01-06). Ein Wegweiser zeigt hier Richtung La Cumbrecilla/Afur (der geradeaus führende Weg zur Casa Forestal würde bald auf unseren Abstiegsweg treffen). Halten Sie im Zweifelsfall auf die Stelle zu, an der die Stromleitung den Bergkamm überquert!

*Die Lorbeerbäume wachsen in bizarren Formen.*

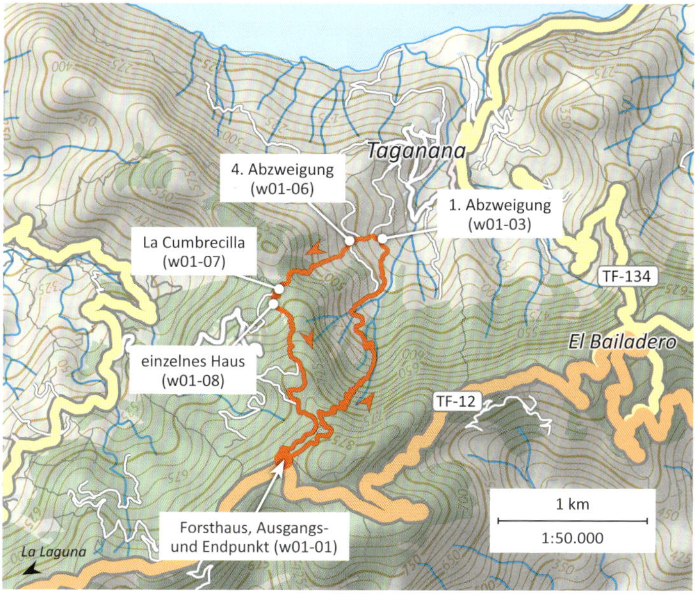

Nach dieser Serie von Abzweigungen steigen wir auf einem schmalen Pfad bergan und befinden uns bald wieder in der Waldzone. Wir erreichen die kleine Passhöhe La Cumbrecilla mit einem auffälligen Strommasten und einem Holzkreuz (w01-07). Ein Wegweiser Richtung Tagana zeigt auf den Weg, auf dem wir heraufgekommen sind, geradeaus geht es nach Afur. Links führt eine breite Fahrpiste bergab. Wir biegen scharf links ab auf einen schmalen, ansteigenden Pfad, der sich zwischen dem Weg nach Taganana und der Fahrpiste befindet, und steigen über aus dem Fels geschlagene, stark abgetretene Treppenstufen bergauf. An einer Abzweigung gehen wir links und kommen gleich darauf direkt oberhalb eines einzeln stehenden Hauses vorbei (w01-08). Dort geradeaus weiter. Kurz nach dem Haus steigt der Weg sehr steil über einige Stufen an.

Von nun an in allen Zweifelsfällen bergauf, bei einer Abzweigung 700 Meter nach dem Haus rechts (w01-09). Schließlich führt der Pfad ein kurzes Stück steil abwärts und trifft auf eine breite Fahrpiste (w01-10). Diese Piste bringt uns nach links in 700 Metern zum Ausgangspunkt.

| GPS | |
|---|---|
| w01-01: | 28,54190 -16,22905 |
| w01-02: | 28,54238 -16,22827 |
| w01-03: | 28,55537 -16,22202 |
| w01-04: | 28,55552 -16,22288 |
| w01-05: | 28,55547 -16,22352 |
| w01-06: | 28,55507 -16,22420 |
| w01-07: | 28,55230 -16,22928 |
| w01-08: | 28,55140 -16,22930 |
| w01-09: | 28,54648 -16,22743 |
| w01-10: | 28,54558 -16,22787 |

*Die zahlreichen Farne tragen zur besonderen Atmosphäre des Waldes bei.*

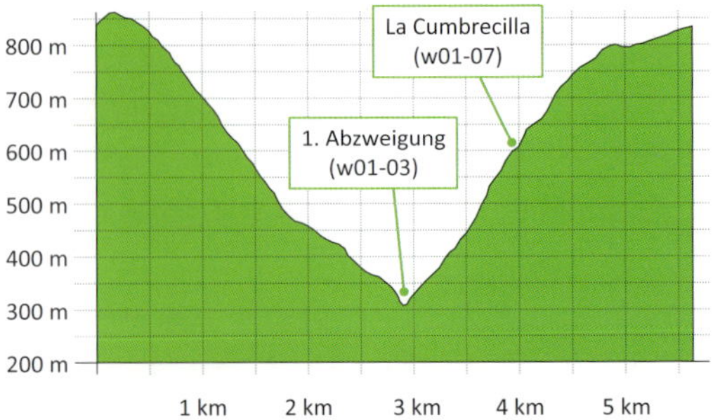

*Wanderung 2:*

## Zum Cabezo del Tejo

Eine der großartigsten Wandermöglichkeiten in den Lorbeerwäldern des Anaga-Gebirges ist die Tour zum Aussichtspunkt Cabezo del Tejo. Gleichzeitig ist sie eine der einfachsten: Der Weg verläuft einen langgestreckten Kamm entlang und kommt daher, anders als die meisten anderen Routen in dieser Gegend, mit einem geringen Höhenunterschied aus. Auch dies ist ein historischer Weg, auf dem man einst das Dorf Chamorga erreichte.

Nach dem Start an der Höhenstraße haben wir zunächst einen kurzen Anstieg zu bewältigen. Der Laurisilva ist so dicht, dass es kaum Aussichten gibt. Ein kleiner Abstecher auf den 910 Meter hohen Gipfel des Chinobre gibt uns einen freien Blick, ehe wir wieder in den Wald eintauchen. Der schmale Pfad führt jetzt mit nur leichtem Auf und Ab durch die eindrucksvolle Szenerie und passiert den kegelförmigen Felsen Roque Anambro, der wie ein Zahn aus dem Bergkamm herausragt. Wie viele andere markante Felsformationen wurde er von den Guanchen als heiliger Ort verehrt. Schließlich erreichen wir den Aussichtspunkt Cabezo del Tejo, der bei günstigen Bedingungen einen schönen Blick auf die rund 750 Meter tiefer gelegene Nordküste bietet. Oft steht man hier jedoch in den vom Meer herantreibenden Wolken, was ein ganz besonderes Erlebnis ist!

*Fast höhehaltend geht es am Bergkamm entlang.*

Eckdaten

**Anspruch Technik:** ● ● ● ● ● *leicht*
**Anspruch Kondition:** ● ● ● ● ● *leicht*
**Länge:** *5,0 km*
**Höhenunterschied:** *Auf- und Abstieg jeweils 300 m, Durchschnitt Steigung/Gefälle jeweils 6,0 %*
**Gehzeit:** *1:10-1:30 Stunden (ohne Pausen)*

***Anforderungen:*** *Recht einfache Wanderung, überwiegend auf erdigen Wegen, die oft feucht und etwas schlammig sind.*

***Wegmarkierungen:*** *Es gibt keine Markierungen. Trotzdem kann man sich (wenn man erst einmal den Anfang gefunden hat) kaum verirren, weil der Wegverlauf weitgehend eindeutig ist.*

***Variationsmöglichkeiten:*** *Diese Wanderung lässt sich gut mit Tour 4 (Seite 139) kombinieren. Dafür steigt man vom Cabezo del Tejo zum Cruz de Draguillo ab und beginnt dort die als Wanderung 4 beschriebene Runde über Chamorga.*

***Anfahrt mit dem Auto:*** *Wir biegen von der TF-12 auf die TF-123 Richtung El Bailadero/Chamorga ab. 1,0 km nach der Abzweigung passieren wir ein skurriles, hellgrünes Gebäude. 3,9 km nach dem Gebäude befindet sich links der Straße ein größerer Parkplatz ohne Beschilderung (w02-01).*

***Anfahrt mit dem Bus:*** *Linie 947 ab Santa Cruz, Haltestelle Parque Forestal/La Ensillada. Nur drei Fahrten täglich.*

Wegbeschreibung

Wir beginnen die Wanderung auf dem breiten Weg, der vom Parkplatz aus zunächst fast parallel zur Straße verläuft und durch niedrige Betonpfosten abgesperrt ist. Der Weg wird bald schmaler und führt mit einigen in den Fels geschlagenen Stufen hinauf. 700 Meter nach dem Beginn der Wanderung zweigt ein schmaler Pfad

*Die Wanderung führt durch ein Ökosystem aus feuchtigkeitsliebenden Pflanzen.*

nach links ab; ein in einen Baum geritzter Wegweiser zeigt zum Chinobre (w02-02). Hier kann man einen nur wenige Minuten dauernden Abstecher zum Gipfel des Chinobre machen, der eine schöne Aussicht bietet (w02-03).

Zurück auf dem Hauptweg, gehen wir nach links weiter und treffen nach knapp 100 Metern auf eine Gabelung (w02-04). Ein Weg führt nach rechts zur Straße hinunter, wir bleiben links auf dem höhehaltenden Weg. Nach weiteren 1,1 km passieren wir den markanten kegelförmigen Felsen Roque de Anambro (w02-05) und erreichen schließlich den Aussichtspunkt Cabezo del Tejo (w02-06). Zurück geht es auf demselben Weg.

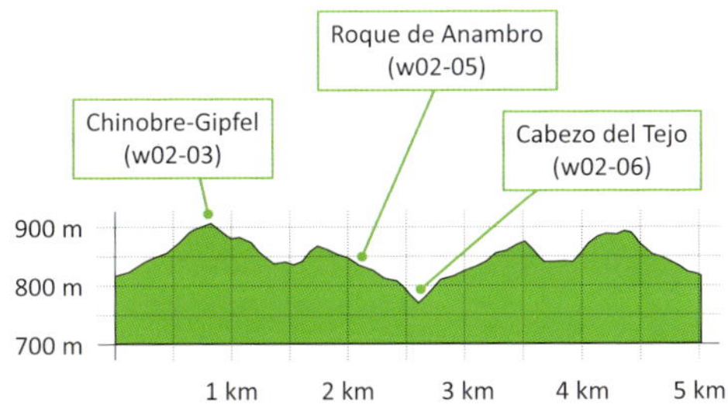


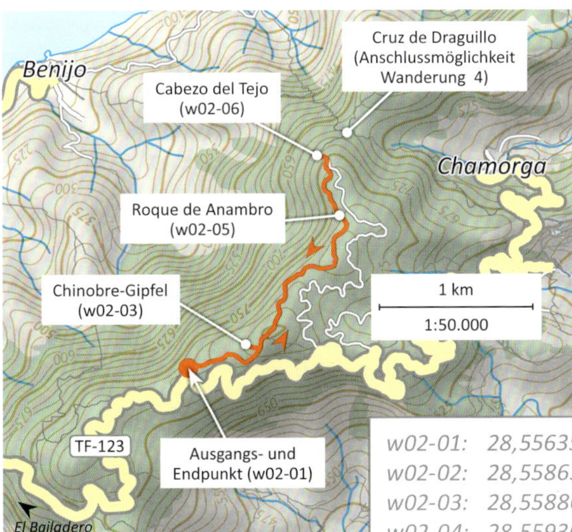


| GPS | | |
|---|---|---|
| w02-01: | 28,55635 | -16,17980 |
| w02-02: | 28,55863 | -16,17435 |
| w02-03: | 28,55880 | -16,17537 |
| w02-04: | 28,55930 | -16,17398 |
| w02-05: | 28,56625 | -16,16908 |
| w02-06: | 28,56983 | -16,17063 |

## Große Anaga-Küstenrunde

Der nordöstlichste Zipfel Teneriffas ist eine raue und einsame Gegend, die aber weitaus vielfältiger ist, als es auf den ersten Blick scheint. Diese ausgedehnte Rundwanderung führt mit immer neuen Eindrücken durch diese besondere Landschaft! Vom abgelegenen Minidorf Chamorga geht es zunächst hinauf auf einen Bergkamm und dann aussichtsreich wieder hinunter zum Leuchtturm Faro de Anaga. Dort beginnt der weitgehend hangparallele Küstenpfad, der um das ganze Kap herumführt und der schönste Teil dieser Tour ist: Die ganze Zeit über haben wir eine großartige Aussicht auf die zwei kleinen Felsinseln Roques de Anaga, während von unten das stetige Brausen des Meeres an der rauen, steinigen Küste zu hören ist. Und so entlegen diese Gegend auch ist: Wir stoßen immer wieder auf Spuren bescheidener Landwirtschaft und einsamer Existenz. Sobald das Kap umrundet ist, passieren wir die wenigen Häuser von Las Palmas, die nur zu Fuß erreichbar sind. Dann taucht langsam ein prachtvolles Nordküstenpanorama vor uns auf, ehe wir im winzigen Weiler El Draguillo das Meer hinter uns lassen und durch aufgegebenes Kulturland wieder bergauf nach Chamorga steigen.

*Kurz hinter Las Palmas öffnet sich ein prachtvolles Panorama.*

Eckdaten

***Anspruch Technik:*** ●●●○○ *mittel*
***Anspruch Kondition:*** ●●●○○ *mittel*
***Länge:*** *11,1 km*
***Höhenunterschied:*** *Auf- und Abstieg jeweils 830 m, Durchschnitt Steigung/Gefälle jeweils 7,4 %*
***Gehzeit:*** *3:20-4:40 Stunden (ohne Pausen)*

***Anforderungen:*** *Eine lange Rundwanderung mit großem Höhenunterschied, die technisch stellenweise anspruchsvoll ist. Die Pfade sind oft schmal und ausgesetzt, viele Passagen sind steil und durch feinen Kies unsicher. Trittsicherheit und gute Wanderschuhe sind unbedingt nötig, Wanderstöcke können sinnvoll sein.*

***Wegmarkierungen:*** *Der Weg ist nur teilweise mit Holzwegweisern markiert, der Verlauf aber weitgehend eindeutig.*

***Variationsmöglichkeiten:*** *Wanderung 4 (Seite 139) ist eine kürzere Tour, die teilweise auf dem selben Weg verläuft.*

***Anfahrt mit dem Auto:*** *Ausgangspunkt ist das Dörfchen Chamorga am Ende der Anaga-Kammstraße TF-123. Parkmöglichkeiten gibt es an der Wendeschleife bei der Kapelle (w03-01). Achten Sie aber darauf, dass der Bus noch wenden kann!*

***Anfahrt mit dem Bus:*** *Mit Linie 947 ab Santa Cruz, Haltestelle Chamorga. Nur drei Fahrten täglich (eine am frühen Morgen, zwei am Nachmittag), sonntags kein Verkehr.*

Wegbeschreibung

Wir gehen in Chamorga zunächst in den Ort hinein bis zu einer Linkskurve. Kurz vor der Bar Casa Alvaro Chamorga biegen wir beim Wegweiser Tafada/Faro de Anaga nach links in eine betonierte Einfahrt ein (w03-02). Gleich danach geht es auf einem schmalen Pfad weiter, der uns schräg am Hang hinaufführt, oberhalb der letzten Häuser vorbei. Der Pfad steigt steil mit einigen Treppenstufen zu dem markanten Felsen Roque del Pilón empor und schwenkt dort nach links. Jetzt geht es hangparallel weiter. Schließlich führt der Weg an der Ruine eines Steinhauses vorbei auf einen Bergrücken zu, biegt aber kurz nach der Ruine nach links ab und führt den Hang hinunter (w03-03). Hier können wir geradeaus einen Abstecher auf den Bergrücken Montaña de Tafada machen, der eine sehr schöne Aussicht auf den Barranco de Roque Bermejo, die Playa Roque Bermejo und den Leuchtturm bietet (w03-04). Von der Abzweigung bei der Ruine folgen wir dem markierten Weg, der in steilen Serpentinen hinunter zum Leuchtturm führt.

Wir gehen jedoch nicht ganz bis zum Leuchtturm; etwa 150 Meter davor (der Turm liegt um die Ecke und ist von hier aus nicht zu sehen) zweigt ein Pfad scharf links ab (w03-05). Ein Wegweiser zeigt geradeaus zum Roque Bermejo und nach Tafada/Chamorga in die Richtung, aus der wir gekommen sind. Wir biegen nach links ab, vorbei an einem weiß-gelben Kreuz auf einem Stein (kein Wegweiser in diese Richtung).

Von nun an führt uns der Pfad lange Zeit hangparallel ohne wesentlichen Höhenunterschied oberhalb der Küste entlang, immer auf die beiden markanten Felsinseln der Roques de Anaga zu. Schließlich steigt der Weg steil abwärts und passiert eine Ruine, aus der ein dicker Holzbalken wie ein Kanonenrohr ragt. Unterhalb der Ruine erreichen wir eine Abzweigung; ein stark verrostetes Schild zeigt nach „El Faro" in die Richtung, aus der wir gekommen sind (w03-06). Hier halten wir uns links, weiter hangparallel oberhalb der Küste.

Vorbei an den Felsinseln erreichen wir die wenigen Häuser von Las Palmas (w03-07). Der Weg führt uns daran vorbei und ist

*Immer wieder stößt man auf Spuren bäuerlicher Existenz.*

**Das Küstengebiet des Anaga-Gebirges ist eine eher trockene Landschaft.**

weiterhin nicht zu verfehlen. Es geht auf einem jetzt etwas heiklen Pfad an einem stark gerölligen Küstenabschnitt entlang, vor uns öffnet sich eine schöne Aussicht auf die Nordküste. 1,9 km nach Las Palmas tauchen ziemlich plötzlich die Häuser von El Draguillo vor uns auf. Wir durchqueren eine kleine Schlucht und erreichen unmittelbar vor einer betonierten Fahrpiste die Abzweigung eines Pfades nach links (w03-08). Wir folgen dem Wegweiser „Chamorga 2,7 km" und entfernen uns jetzt auf einem steingepflasterten Pfad von der Küste, vorbei an einem einzelnen Drachenbaum. Der Pfad führt steil bergauf, ist aber durch die felsigen Stufen leicht zu begehen. 800 Meter nach der Abzweigung bei El Draguillo gabelt sich der Weg vor einer Trockenmauer; hier gehen wir links (w03-09; Wegweiser „Chamorga 1,7 km", rechts geht es nach Benijo). Wir erreichen kurz danach die Waldzone und schließlich die Passhöhe Cruz del Draguillo (w03-10) mit einer Wegkreuzung. Wir gehen geradeaus und steigen mit leichtem Gefälle nach Chamorga hinunter. Bei einer Abzweigung 700 Meter nach dem Pass (w03-11) links weiter abwärts (Wegweiser nach Chamorga) hinunter ins Dorf.

GPS

| | | |
|---|---|---|
| *w03-01:* | *28,56878* | *-16,15960* |
| *w03-02:* | *28,57010* | *-16,15927* |
| *w03-03:* | *28,57733* | *-16,15175* |
| *w03-04:* | *28,57800* | *-16,14823* |
| *w03-05:* | *28,58095* | *-16,14172* |
| *w03-06:* | *28,58488* | *-16,15618* |
| *w03-07:* | *28,58512* | *-16,16370* |
| *w03-08:* | *28,57837* | *-16,17438* |
| *w03-09:* | *28,57335* | *-16,17092* |
| *w03-10:* | *28,57127* | *-16,16847* |
| *w03-11:* | *28,56960* | *-16,16275* |

*Bei der Umrundung des Kaps hat man einen schönen Blick auf die Roques de Anaga.*

*Wanderung 4:*

## Gratwanderung über Chamorga

Diese kleine Runde, die in Chamorga beginnt und endet, ist eine schöne Alternative für alle, denen die große Rundwanderung auf dem Küstenpfad (➤ Seite 134) zu lang und zu fordernd ist. Sie verläuft im ersten und letzten Abschnitt auf demselben Weg, nur der mittlere Teil unterscheidet sich. Auf einen kurzen Anstieg durch den Lorbeerwald folgt ein Pfad am schmalen Bergkamm entlang. Dieser Abschnitt ist definitiv der schönste: Immer wieder öffnen sich großartige Aussichten hinunter auf die Küste und die umgebende Berglandschaft, teilweise geht es neben dem Weg mehr als hundert Meter steil abwärts. Unten liegt Almáciga, in der Ferne kann man die Landzunge von Punta del Hidalgo erkennen, rechts sieht man die winzigen Felsinseln Roques de Anaga.

Der Pfad ist schmal und etwas abenteuerlich, abgesehen von einigen wenigen Stellen aber ungefährlich. Ein Abstecher auf den aussichtsreichen Bergrücken der Montaña de Tafada oberhalb vom Leuchtturm Faro de Anaga bietet eine schöne Verlängerungsmöglichkeit, ehe wir schließlich über steile, felsige Stufen wieder nach Chamorga hinunter steigen.

*Am mittleren Wegteil gibt es immer wieder großartige Aussichten.*

Eckdaten

***Anspruch Technik:*** ●●●○○ *mittel*
***Anspruch Kondition:*** ●●○○○ *leicht*
***Länge:*** *4,4 km*
***Höhenunterschied:*** *Auf- und Abstieg jeweils 330 m, Durchschnitt Steigung/Gefälle jeweils 7,5 %*
***Gehzeit:*** *1:10-1:30 Stunden (ohne Pausen)*

***Anforderungen:*** *Eine unschwierige Rundwanderung auf recht einfachen Wegen. Der schmale Kammweg ist an einigen kurzen Stellen etwas ausgesetzt. Der steile Abstieg nach Chamorga am Ende wird durch Stufen im Fels vereinfacht.*

***Wegmarkierungen:*** *Der Weg ist größtenteils unmarkiert, aber weitgehend eindeutig.*

***Variationsmöglichkeiten:*** *Diese Tour lässt sich gut mit Wanderung 2 (Seite 131) kombinieren, man trifft dann am Cruz de Draguillo auf den hier beschriebenen Weg.*

***Anfahrt:*** *Wie bei Wanderung 3, Seite 135.*

Wegbeschreibung

Vom Parkplatz an der Bushaltestelle gehen wir Richtung Dorfkern, biegen aber schon nach wenigen Metern auf einen gepflasterten Weg ab, der nach links hinauf führt (w04-02, Wegweiser nach El Draguillo). Wir steigen nicht nach rechts die Treppe hinauf, sondern gehen geradeaus auf einem schmalen Pfad weiter ins Tal hinein, den weiß-gelben Wegzeichen folgend. Nach einigen hundert Metern steigt der Weg, jetzt etwas breiter und

*Die beiden Felsinseln sind der nördlichste Punkt Teneriffas.*

GPS

| | | |
|---|---|---|
| *w04-01:* | *28,56838* | *-16,15948* |
| *w04-02:* | *28,56880* | *-16,15957* |
| *w04-03:* | *28,56957* | *-16,16280* |
| *w04-04:* | *28,57120* | *-16,16843* |
| *w04-05:* | *28,57453* | *-16,16113* |
| *w04-06:* | *28,57658* | *-16,15335* |

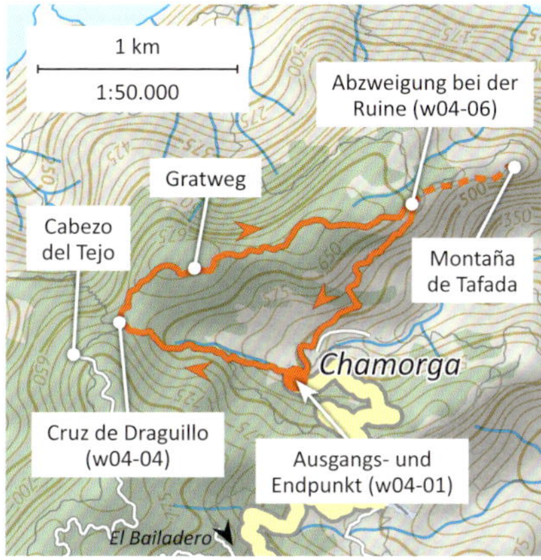


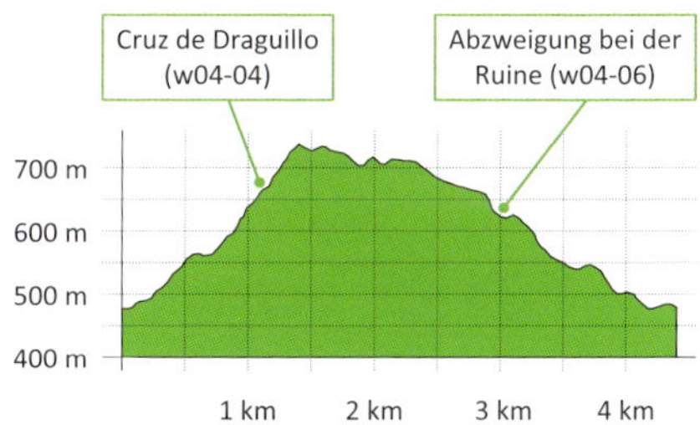


mit groben Steinen gepflastert, in Serpentinen nach links an. Kurze Zeit später an einer beschilderten Abzweigung rechts Richtung El Draguillo (w04-03, links geht es nach Igueste de San Andrés). Nach einem mäßig steilen Anstieg erreichen wir die Passhöhe Cruz de Draguillo, an der sich zwei Pfade ohne Wegweiser kreuzen (w04-04). Hier geht es links zum Cabezo del Tejo (Anschlussmöglichkeit zu Tour 2) und geradeaus nach El Draguillo hinunter, wir biegen nach rechts ab. Der Pfad führt uns jetzt zunächst eben, später leicht ansteigend am Kamm entlang. Kurz danach öffnet sich zum ersten Mal eine schöne Aussicht – Vorsicht, die Abbruchkante ist hier sehr labil!

Wir passieren noch einige weitere Aussichtspunkte, an denen wir einen großartigen Blick auf die Nordküste haben. Kurz vor einem letzten Aussichtspunkt an einem schmalen, felsigen Grat (w04-05) zieht der Weg nach rechts unten. Wir verlassen die Waldzone, und schließlich öffnet sich vor uns der Blick auf den Bergrücken der Montaña de Tafada, der sich Richtung Meer entlangzieht. Unten am Sattel sieht man die Ruine eines Steinhauses. Etwa 150 Meter vor dieser Ruine biegen wir scharf rechts auf den Pfad ab, der nach Chamorga hinunter führt, jetzt wieder mit Weiß und Gelb markiert (w04-06). Vorher bietet sich aber noch ein aussichtsreicher Abstecher auf die Montaña de Tafada an: Einfach geradeaus an der Ruine vorbei auf einen einzelnen, kleinen Drachenbaum zu, bis es nicht mehr weitergeht! Vom Sattel mit der Ruine führt der Pfad jetzt etwas steiler über felsige Treppenstufen nach Chamorga hinunter, vorbei am exponierten Felsen Roque del Pilón. Im Dorf auf der Straße nach rechts zum Ausgangspunkt.

## Durch den Barranco del Rio

Der Weg vom Küstenort Punta del Hidalgo durch den Barranco del Rio hinauf nach Chinamada ist einer der Klassiker im Anaga-Gebirge. Mit einer Fortsetzung nach Batán de Abajo und dem Rückweg durch einen Wasserkanal lässt sich die Tour zu einer sehr schönen, aber auch fordernden Runde ausbauen – ein kleines Abenteuer für geländeerfahrene Wanderer abseits der üblichen Wege!

Wir steigen zunächst auf einem steilen, aber gut ausgebauten Weg von Punta del Hidalgo zum „Höhlendorf" Chinamada hinauf. Hier wurden zahlreiche Wohnräume, die heute noch genutzt werden, in den weichen Fels hineingeschlagen. Viel mehr als durch diese eigentümliche Bauweise (von der man kaum etwas sieht) beeindruckt das Dorf aber durch seine Lage auf einem schmalen Bergrücken mit einer großartigen Aussicht.

Soweit war der Weg recht einfach. Aber nun geht es weiter über schmale, verwachsene Pfade, oft sehr steil auf und ab durch die wilden Nebenschluchten hinüber in das kaum größere Batán de Abajo. Wir benutzen

*Auf dem Weg nach Chinamada öffnet sich unerwartet eine schöne Aussicht.*

Wege, die vor Jahrhunderten für den Alltagsgebrauch angelegt wurden und bis vor Kurzem noch die einzige Möglichkeit waren, sich in dieser Gegend zu bewegen, denn erst um 1970 herum wurden diese Dörfer an das Straßennetz angeschlossen. Umso mehr Sorgfalt hat man daher auf eine optimale Wegführung verwendet: Auch die steilsten Passagen sind immer sicher zu begehen.

Gewagter Höhepunkt der Tour ist der Rückweg durch den Canal del Tomadero, der zunächst am Schluchtgrund, später hoch oben am Hang durch den Barranco del Rio führt. Der Kanal ist zwar eigentlich nicht als Wanderweg vorgesehen, eignet sich aber durchaus dafür – abgesehen von ein paar Engstellen, an denen man sich vorsichtig vorbeidrücken muss, kommt man hier sogar bequem und schnell voran.

Eckdaten

| | | |
|---|---|---|
| ***Anspruch Technik:*** | ● ● ● ● ○ | *schwierig* |
| ***Anspruch Kondition:*** | ● ● ● ● ○ | *schwierig* |
| ***Länge:*** | *12,7 km* | |
| ***Höhenunterschied:*** | *Auf- und Abstieg jeweils 810 m, Durchschnitt Steigung/Gefälle jeweils 6,3 %* | |
| ***Gehzeit:*** | *5:30-7:00 Stunden (ohne Pausen)* | |

***Anforderungen:*** *Diese anspruchsvolle Tour setzt Geschick und Erfahrung mit komplizierten Wegen voraus. Der erste Abschnitt bis Chinamada ist nur mäßig schwierig, dann folgen schmale, teilweise sehr steile Pfade mit felsigen Stufen. Im engen Wasserkanal ist an einigen Stellen etwas Beweglichkeit nötig. Gehen Sie nicht nach starken Regenfällen oder bei unsicherem Wetter, weil dann der Weg durch die Schlucht gefährlich sein könnte!*

***Wegmarkierungen:*** *Der Weg ist größtenteils unmarkiert, vor allem zwischen Chinamada und Batán de Abajo sind Orientierungsprobleme nicht auszuschließen.*

***Variationsmöglichkeiten:*** *Wer den schwierigen 2. und 3. Teil meiden möchte, kann in Chinamada umkehren und auf demselben Weg zurück gehen (dann Technik 3, Kondition 2).*

***Anfahrt mit dem Auto:*** *Auf der Durchgangsstraße ganz durch Punta del Hidalgo hindurch bis zur Wendeschleife (w05-01). Dort gibt es einige Parkplätze.*

***Anfahrt mit dem Bus:*** *Mit Linie 105 von Santa Cruz über La Laguna nach Punta del Hidalgo. Der Bus fährt bis zur Wendeschleife.*

*Wegbeschreibung*

Wir gehen von der Wendeschleife aus ein kleines Stück Richtung Meer und biegen dann gleich nach rechts in eine kleine Straße ein, die nach Chinamada/Cruz del Carmen beschildert ist. Auf der Straße abwärts, geradeaus an einer Schranke vorbei (w05-02) und bei der nächsten Abzweigung den weiß-gelben Wegzeichen nach rechts über eine Sperrkette folgen. Der markierte Weg führt in die Schlucht hinunter und auf der gegenüberliegenden Seite über Treppenstufen wieder hinauf. Von nun an ist der Weg bis Chinamada nicht mehr zu verfehlen. Wir gehen auf einem schmalen Pfad am linken Hang des Barranco entlang. Dann steigt der Weg mit steilen Serpentinen über etliche Treppenstufen bergan und erreicht einen Aussichtspunkt, von dem aus wir einen schönen Blick auf die tief unter uns liegende Küste haben (w05-03). Am gegenüberliegenden Hang der Schlucht können wir deutlich den schmalen Wasserkanal sehen, der später unser Rückweg sein wird.

Schließlich erreichen wir Chinamada (w05-04). Dort folgen wir der Straße nach rechts aus dem Ort hinaus. Nach Passieren eines Holzgeländers führt bei einem einzelnen Haus eine kleine Straße nach rechts, die nach Cruz Carmen beschildert ist (w05-05). Hier müssen wir aufpassen: Wir folgen nämlich nicht diesem Wegweiser, sondern steigen direkt bei der Abzweigung einen kleinen, unauffälligen Pfad nach unten, so dass wir das einzelne Haus rechts unten umgehen. Der Pfad führt durch ein hölzernes Türchen und dann hangparallel weiter geradeaus. An einer Weggabelung kurz nach dem Türchen rechts (w05-06) und danach in steilen Serpentinen abwärts. Kurz vor Erreichen des Schluchtgrundes muss man ein paar Meter über eine Felsstufe klettern. Nach einem weiteren hölzernen Türchen erreichen wir den Schluchtgrund und steigen danach wieder auf.

*Hinter Chinamada geht es durch die Nebenschluchten des Barranco del Rio.*

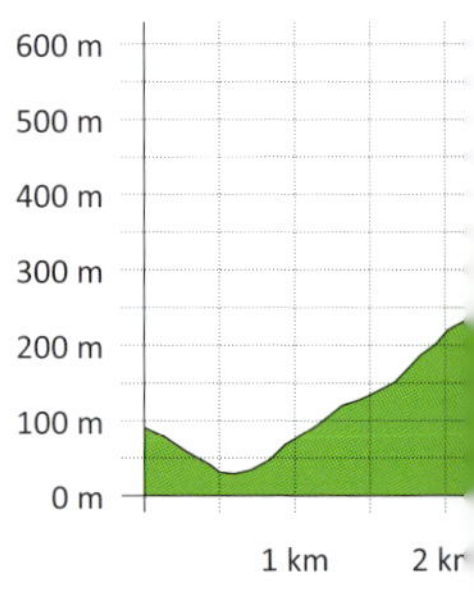

Kurz nach der Durchquerung eines zweites Bachbetts erreichen wir eine Weggabelung; auf einem Holzpfosten ist eine 6 eingraviert, oben am Hang sieht man ein Haus (w05-07). Hier gehen wir rechts weiter und erreichen

so das winzige Dorf Batán de Abajo. Bei einer Weggabelung an der Station einer Materialseilbahn rechts hinauf zur Plaza, dann vorbei an der Kirche und dem Centro Ciudadano El Batán. Kurz nach dem Gemeindezentrum führt ein schmaler Weg nach rechts zwischen den Häusern hindurch, ein stark verblichener Wegweiser zeigt nach Punta del Hidalgo (w05-08). Wir verlassen das Dorf auf einem schmalen Pfad, der einen kleinen Sattel überquert (rechts ist eine weitere Seilbahnstation, w05-09) und danach in die Schlucht hinunter führt. In der Ferne ist schon das Kap von Punta del Hidalgo zu sehen. Der Pfad ist jetzt sehr steil, es gibt aber überall Stufen, außerdem ist der Fels griffig.

Am Schluchtgrund angekommen, gehen wir ein Stück geradeaus und erreichen so den Wasserkanal, der von nun an unser Weg ist (w05-10). Gleich am Anfang muss man sich unter überhängenden Felsen vorbeiquetschen, diese Stelle kann aber umgangen werden. Später wird es noch einige weitere Engstellen dieser Art geben, die aber weniger schwierig sind. Abgesehen davon kommen wir jetzt im Kanal schnell und bequem voran. Kurz vor Punta del Hidalgo schwenkt der Kanal nach links und wird schließlich von einer Fahrpiste gekreuzt (w05-11). Wir verlassen den Kanal auf dieser Piste und gehen Richtung Meer, dann links über die Brücke, hinter der ummauerten Plantage wieder links zurück zum Ausgangspunkt, der über uns liegt.

GPS

| | | |
|---|---|---|
| w05-01: | 28,57137 | -16,31783 |
| w05-02: | 28,57075 | -16,31587 |
| w05-03: | 28,56918 | -16,30393 |
| w05-04: | 28,56150 | -16,29143 |
| w05-05: | 28,56137 | -16,28853 |
| w05-06: | 28,55975 | -16,28735 |
| w05-07: | 28,54938 | -16,29292 |
| w05-08: | 28,54802 | -16,29635 |
| w05-09: | 28,55165 | -16,29635 |
| w05-10: | 28,55713 | -16,30095 |
| w05-11: | 28,56642 | -16,31730 |

*Der letzte Teil der Wanderung wird in einem engen Wasserkanal zurückgelegt.*

## Über den Organos-Höhenweg

Im dichten Kiefernwald, der den oberen Teil des Orotava-Tals bedeckt, verläuft eine der schönsten Wanderrouten Teneriffas: der Organos-Höhenweg! Wir steigen zunächst auf dem Camino a Candelaria aufwärts, einem der wichtigsten Wallfahrtswege Teneriffas: Jedes Jahr am 14. August überqueren hier Hunderte von Pilgern die Insel von La Orotava bis nach Candelaria an der Südküste.

Nach einem Anstieg von rund 200 Höhenmetern erreichen wir den Organos-Höhenweg, der uns jetzt in ständigem Auf und Ab Richtung Nordosten führt. Die „Organos“, also die „Orgelpfeifen“, sind eine Reihe von säulenförmigen Felsen unterhalb des Weges. Sie sind allerdings von hier aus nicht zu sehen und auch gar nicht so besonders eindrucksvoll. Die eigentliche Attraktion ist der Weg selbst, der inmitten eines Steilhangs schmal und exponiert durch eine atemberaubende Felslandschaft führt und auf der gesamten Länge von etwas mehr als fünf Kilometern immer wieder neue Ausblicke auf das Orotava-Tal und den Teide bietet! Allerdings braucht man dafür etwas Glück: Der

*Der Höhenweg führt dicht am Steilhang entlang.*

Organos-Höhenweg liegt in einer Höhe von 1400-1600 Metern über dem Meer. Da sich die Passatwolken meistens in genau dieser Höhenzone sammeln, ist es hier oft neblig.

Die Wolken sorgen für eine überdurchschnittlich hohe Feuchtigkeit, die eine für Teneriffa ungewöhnlich üppige Vegetation ermöglicht: Die steilen Hänge sind dicht bewaldet, von den mächtigen Kiefern hängen lange Bartflechten herab. Am Boden kann man die charakteristischen Blattrosetten des Äoniums sehen, und im Frühling säumen zahlreiche bunte Blüten den Weg. Abenteuerlustige können einen kleinen Abstecher auf einen steilen Felsrücken machen: Ein schöner und auch etwas gewagter Platz für eine Rast mit großartiger Aussicht! Nach knapp fünf Kilometern ist das Ende des Höhenweges erreicht, wir steigen auf einem mäßig steilen Pfad ab und gehen auf einer Forstpiste zum Ausgangspunkt zurück.

Eckdaten

***Anspruch Technik:*** ●●●○○ *mittel*

***Anspruch Kondition:*** ●●●○○ *mittel*

***Länge:*** *11,0 km*

***Höhenunterschied:*** *Auf- und Abstieg jeweils 560 m, Durchschnitt Steigung/Gefälle jeweils 5,0 %*

***Gehzeit:*** *2:50-3:40 Stunden (ohne Pausen)*

***Anforderungen:*** *Eine umkomplizierte Wanderung, die allerdings über weite Strecken auf einem schmalen Pfad an einem Steilhang entlang führt. Personen mit sehr ausgeprägter Höhenangst könnten Probleme bekommen, die gefährlichen Stellen sind aber mit Geländern oder Drahtseilen zum Festhalten gesichert. Einige Wegteile können bei Nässe schlammig sein.*

***Wegmarkierungen:*** *Der Weg ist auf der ganzen Strecke sehr gut mit Schildern markiert.*

***Anfahrt mit dem Auto:*** *1,2 km oberhalb von Aguamansa biegt eine kleine Straße auf der Bergseite ab, die nach Los Organos/La Caldera beschildert ist (w06-01). Nach 900 Metern erreichen wir den großen Parkplatz an der Caldera (w06-02), einem kleinen Vulkankrater mit Picknickplatz.*

***Anfahrt mit dem Bus:*** *Linie 345 ab Puerto de la Cruz über La Orotava bis Endhaltestelle La Caldera, 1-2 Fahrten pro Stunde.*

Wegbeschreibung

Wir gehen im Uhrzeigersinn um die Caldera herum, also auf der dem Meer zugewandten Seite, vorbei an der Bushaltestelle und dem Restaurant. Nach 200 Metern gehen wir geradeaus auf einer breiten, erdigen Piste weiter (w06-03, Wegweiser nach Pinolere/ Pero Gil, Betonsäule mit „GR 131"). 650 Meter nach dem Beginn der Erdpiste zweigt bei einer Schutzhütte ein kleinerer Weg nach rechts ab, der mit „Camino a Candelaria" beschildert ist (w06-04). Dieser Weg führt uns nun in Serpentinen bergauf. Wir treffen auf eine breite Forstpiste, die wir mit einem kleinen Schlenker nach links überqueren (w06-05).

Die Hänge sind in dieser Höhenzone dicht bewaldet.

1,1 km nach der Abzweigung bei der Schutzhütte erreichen wir eine vierarmige Wegkreuzung; hier müssen wir links abbiegen, der Weg führt zunächst etwas abwärts (w06-06, Wegweiser TF-35 nach Portillo del Topo). Von nun an befinden wir uns auf dem Organos-Höhenweg, der uns hangparallel Richtung Nordosten führt. 1,1 km nach dem Beginn des Höhenweges (kurz nach einem mit einem Seilgeländer gesicherten Treppenaufstieg) lohnt ein kleiner Abstecher auf einem Trampelpfad nach links auf einen schmalen, exponierten Felsrücken mit fantastischer Aussicht. Die Abzweigung (w06-07) ist unauffällig und vom Weg aus an einer kleinen Betonsäule mit der Aufschrift „MP No. 22" hinter einem Stein zu erkennen.

Zurück auf dem Hauptweg, erreichen wir nach weiteren 3,6 km eine Abzweigung nach links, an der uns gelb-weiße Markierungen ins Tal hinunter führen (w06-08, Wegweiser nach Casa del Agua). Dies ist die erste markierte Abzweigung seit dem Beginn des Höhenweges. Wir biegen hier links ab und folgen nun immer den gelb-rot-weißen Markierungen den Hang hinunter. 1,3 km nach der letzten Abzweigung treffen wir auf eine fünfarmige Kreuzung, an der zwei breite Wege nach rechts und einer nach links führen (w06-09). Wir folgen hier den Markierungen (GR 131,

„Camino Natural Anaga-Chasna“) auf den schmaleren Weg geradeaus, weiter bergab. Nach weiteren 450 Metern treffen wir auf eine breite Forststraße (w06-10); hier biegen wir nach links ab, den Wegweisern nach La Caldera/ Casa del Agua (TF-35) folgend. Nach nur knapp 400 Metern passieren wir die Casa del Agua, ein großes, graues Wasserhaus (w06-11). Hier zweigt ein schmaler, nach Aguamansa markierter Pfad nach rechts ab. Wir ignorieren diese Abzweigung aber und bleiben auf der breiten Forststraße, die uns in weiteren 2,3 km zurück zum Parkplatz führt.

| GPS | | |
|---|---|---|
| *w06-01:* | *28,36007* | *-16,50335* |
| *w06-02:* | *28,35772* | *-16,50237* |
| *w06-03:* | *28,35768* | *-16,50055* |
| *w06-04:* | *28,35440* | *-16,49548* |
| *w06-05:* | *28,35237* | *-16,49517* |
| *w06-06:* | *28,34865* | *-16,49427* |
| *w06-07:* | *28,35402* | *-16,49080* |
| *w06-08:* | *28,36562* | *-16,47670* |
| *w06-09:* | *28,36293* | *-16,48663* |
| *w06-10:* | *28,36253* | *-16,48963* |
| *w06-11:* | *28,36095* | *-16,48752* |

*Auch in botanischer Hinsicht ist der Weg sehr interessant.*

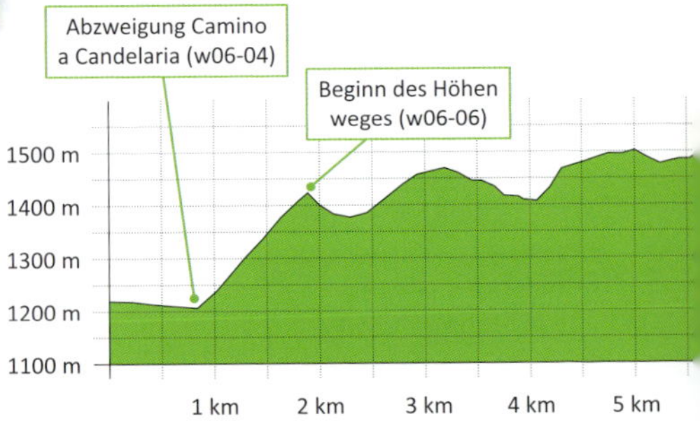

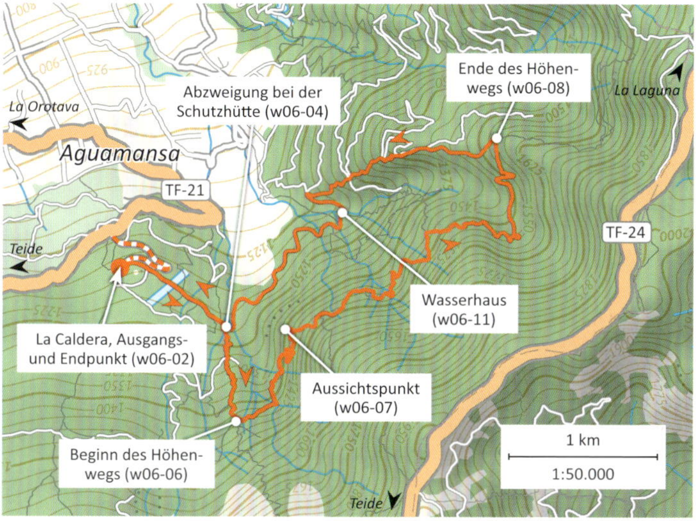


*Die häufige Bewölkung ermöglicht eine üppige Vegetation.*

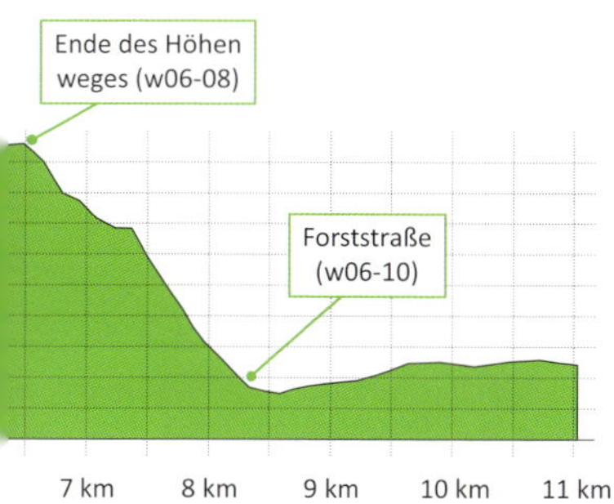

## Runde über die Fortaleza

Die Fortaleza ist eine der markantesten Felsformationen der Cañadas: Ein 1,4 km langer Tafelberg, der in Richtung des Teide mit einer steilen, über 100 Meter hohen Felswand abfällt. Man kann die Fortaleza auf einem sehr einfachen Weg besteigen und oben eine aussichtsreiche Runde um das weite Plateau drehen. Diese Wanderung ist eine der leichtesten Touren im Teide-Gebiet: Länge und Höhenunterschied halten sich in freundlichen Grenzen, und auch technisch ist sie für jeden zu bewältigen. Schon der Weg vom Besucherzentrum zur Fortaleza ist schön und abwechslungsreich, weil er durch einen sehr interessanten Teil der Cañadas führt, der von der Straße aus nicht zu sehen ist: Zwischen kleinen Felsen ducken sich niedrige Pflanzen vor dem Wind, in der Ferne erhebt sich der Teide. Nach drei Kilometern ist die sandige Ebene am Fuß der Fortaleza erreicht, die massive Felswand bietet von hier aus einen eindrucksvollen Anblick. Auf der rechten Seite geht es hinauf zum Beginn eines kleinen Rundweges. Von einem Aussichtspunkt öffnet sich ein großartiger Blick auf den Teide und den nordöstlichen Teil der Cañadas, bevor es am Südhang entlang wieder zurück geht.

*Vom Aussichtspunkt hat man einen großartigen Blick auf den Teide.*

Eckdaten

**Anspruch Technik:** ●●○○○ *leicht*
**Anspruch Kondition:** ●●○○○ *leicht*
**Länge:** *9,7 km*
**Höhenunterschied:** *Auf- und Abstieg jeweils 280 m, Durchschnitt Steigung/Gefälle jeweils 2,8 %*
**Gehzeit:** *2:20-2:50 Stunden (ohne Pausen)*

**Anforderungen:** *Eine kurze, unkomplizierte Wanderung auf einfachen Wegen.*

**Wegmarkierungen:** *Die ganze Strecke ist sehr gut mit Wegweisern markiert.*

**Variationsmöglichkeiten:** *Diese Wanderung kann mit Tour 8 (Seite 155) zu einer großen Runde kombiniert werden.*

**Anfahrt mit dem Auto:** *Ausgangspunkt ist der Parkplatz am Besucherzentrum El Portillo (Centro de Visitantes) am nordöstlichen Parkeingang (w07-01).*

**Anfahrt mit dem Bus:** *Linie 348 ab Puerto de la Cruz oder Linie 342 ab Costa Adeje über Los Cristianos bis Cruze El Portillo (die Haltestelle ist an der Abzweigung der TF-25). Auf beiden Linien nur eine Fahrt am Morgen (9:15 ab Puerto, 9:15 ab Costa Adeje) und eine am Nachmittag (16:27 nach Puerto, 15:15 nach Costa Adeje).*

Wegbeschreibung

Wir gehen links am Gebäude des Besucherzentrums vorbei auf den Sendero 1 und bleiben an allen Abzweigungen geradeaus auf diesem Weg, bis wir nach 2,8 km die Fortaleza vor uns haben. Der Weg steigt zur sandigen Ebene, die sich vor dem Felsmonolithen befindet, hinunter. Dort zweigt der Sendero 29 ab (w07-02) und führt zur Passhöhe Degollada del Cedro rechts von der Fortaleza hinauf. Oben kommen wir an einer kleinen Kapelle vorbei und biegen gleich dahinter links in eine Fahrpiste ein. Die Piste endet nach knapp 500 Metern (w07-03). Hier beginnt ein kleiner Rundweg über das Hochplateau: Ein schmaler, mit Steinreihen deutlich markierter Pfad führt geradeaus weiter, ein zweiter biegt nach links ab. Der linke Weg wird später unser Rückweg sein, wir gehen zunächst

GPS

| | | |
|---|---|---|
| *w07-01:* | *28,30425* | *-16,56645* |
| *w07-02:* | *28,31230* | *-16,59117* |
| *w07-03:* | *28,31695* | *-16,59623* |
| *w07-04:* | *28,31490* | *-16,60057* |
| *w07-05:* | *28,31440* | *-16,60238* |
| *w07-06:* | *28,31425* | *-16,59175* |
| *w07-07:* | *28,30507* | *-16,56748* |

geradeaus. 500 Meter nach dem Ende der Piste erreichen wir eine weitere Abzweigung (w07-04): Hier kann man noch 200 Meter geradeaus gehen bis zu einem Aussichtspunkt am Steilhang (w07-05). Der Abstieg auf dieser Seite ist nicht gestattet; wir gehen daher zurück bis zur letzten Abzweigung und dort rechts. Der Rundweg führt uns zurück zur Piste, auf der wir zur Degollada del Cedro gehen. Dort kann man geradeaus, an einem Holzgeländer entlang, noch einen kleinen Abstecher zu einem weiteren Aussichtspunkt machen (w07-06). Danach steigen wir zur Ebene hinunter und gehen auf demselben Weg zurück, immer dem Sendero 1 nach El Portillo folgend. An der Gabelung kurz vor dem Besucherzentrum, ein Stück hinter der Drehtür (w07-07), rechts zum Parkplatz.

*Rund 100 Meter erhebt sich die Felswand der Fortaleza über die Ebene.*

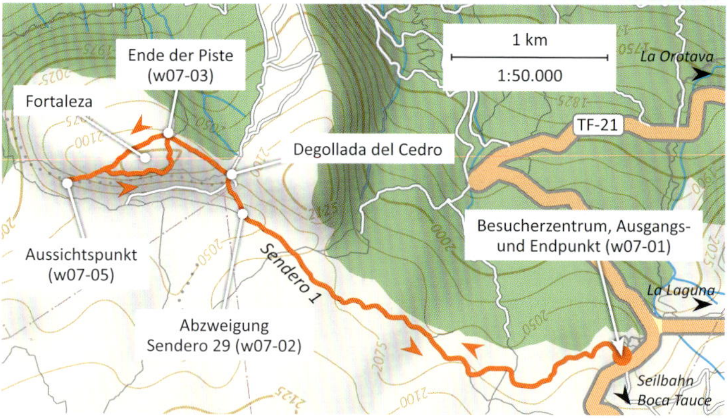


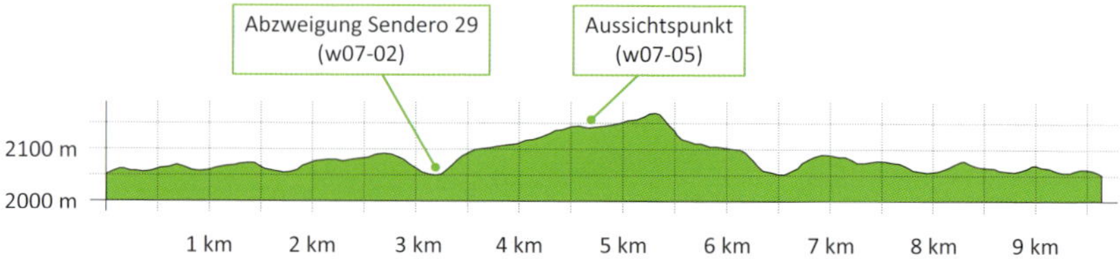

## Zur Fortaleza und den Huevos del Teide

Eine etwas ausgedehntere Runde durch die Cañadas führt vorbei an der Fortaleza zu den Huevos del Teide. Auf dieser Wanderung durchqueren wir den schönsten Teil der Cañadas und sehen zwei der interessantesten geologischen Formationen dieses Gebiets. Die Gehzeit von drei bis vier Stunden verlangt natürlich etwas Ausdauer. Dafür werden wir aber mit Ruhe und Einsamkeit belohnt, denn dieser Teil des Nationalparks wird nur wenig besucht.

Der schmale Pfad führt in leichtem Auf und Ab durch die steinige, von nur wenigen Pflanzen bewachsene Landschaft. Nach einer Dreiviertelstunde erreichen wir die Fortaleza, die „Festung“: Eine mächtige Formation aus rotbraunem Fels, 1,4 Kilometer lang und über 100 Meter hoch. Wir setzen unseren Weg fort und gehen jetzt in Richtung Südwesten, immer leicht ansteigend auf den Teide zu. Die ganze Zeit über haben wir einen schönen Blick auf den gewaltigen Vulkan, die Landschaft ist trocken und wüstenhaft. Unser Pfad zieht sich nun weithin sichtbar als einsame Spur dahin. Schließlich erreichen wir einige große, runde Felsen aus dunklem Lavagestein, die

*Die Wanderung führt durch den schönsten Teil der Cañadas.*

nicht so richtig in die Landschaft passen wollen. Sie werden „Huevos del Teide“ genannt, die „Eier des Teide“. Vermutlich entstanden sie, als sich große Brocken von einem langsam fließenden Lavastrom lösten und eine weite Strecke den Hang hinunter rollten. Vor uns erhebt sich jetzt die Montaña Blanca, ein Vorgipfel des Teide. An ihrem Hang gibt es noch einige mehr der Huevos. Da der Weg dorthin aber nicht mehr sehr interessant ist, gehen wir von hier aus zu unserem Ausgangspunkt zurück.

**Eckdaten**

| | | |
|---|---|---|
| ***Anspruch Technik:*** | ●●○○○ | *leicht* |
| ***Anspruch Kondition:*** | ●●●○○ | *mittel* |
| ***Länge:*** | *13,5 km* | |
| ***Höhenunterschied:*** | *Auf- und Abstieg jeweils 530 m, Durchschnitt Steigung/Gefälle jeweils 3,9 %* | |
| ***Gehzeit:*** | *3:20-4:00 Stunden (ohne Pausen)* | |

***Anforderungen:*** *Eine einfache Wanderung mit mäßigem Höhenunterschied, die nur durch die Länge und den Untergrund aus losem, feinem Kies etwas anstrengend ist.*

***Wegmarkierungen:*** *Der Weg ist auf der ganzen Strecke sehr gut mit Wegweisern markiert.*

***Variationsmöglichkeiten:*** *Diese Wanderung kann mit Tour 7 (Seite 152) kombiniert werden. Dann zusätzlich 4,0 km und 290 Höhenmeter, Gesamtlänge der kombinierten Tour 17,6 km und 820 Höhenmeter.*

***Anfahrt:*** *Wie bei Wanderung 7 (Seite 153).*

*Wegbeschreibung*

Der Weg führt als Sendero 1 links am Gebäude des Besucherzentrums vorbei. An einer Abzweigung nach 400 Metern (w08-02) halten wir uns rechts auf dem Sendero 1, ebenso nach 1,0 km (w08-03, der links abzweigende Sendero 6 wird später unser Rückweg sein). 2,8 km nach dem Start sehen wir die Felsformation der Fortaleza; bevor der Weg sich zur sandigen Ebene vor der Felswand absenkt, biegen wir links auf den Sendero 22 ab (w08-04). An dieser Stelle kann man die Runde über die Fortaleza (Wanderung 7) anschließen.

Der Weg verläuft jetzt etwa 5 km fast geradeaus und leicht bergauf durch die felsige Landschaft und erreicht schließlich einen eiförmigen schwarzen Felsen von einigen Metern Durchmesser, eines der „Huevos del Teide“ (w08-05). Einige hundert Meter nach dem Felsen trifft unser Weg auf einen ähnlich aussehenden Weg, der von links heraufkommt und nach rechts weiter den Hang hinauf führt (w08-06). Ein Wegweiser an einem Stein (Sendero 22) zeigt in die Richtung, aus der wir gekommen sind. Der andere Weg ist hier nicht gekennzeichnet, es handelt sich aber um den Sendero 6, dem wir nach links folgen. Wir bleiben auf dem geradeaus führenden Sendero 6, bis dieser auf den Sendero 1 trifft, über den wir vorhin gekommen sind (w08-03). Dieser Weg bringt uns rechts nach wei-

*Eine bizarre Szenerie säumt den Weg.*

| | | | |
|---|---|---|---|
| *w08-01:* | *28,30405* | *-16,56647* | GPS |
| *w08-02:* | *28,30435* | *-16,56940* | |
| *w08-03:* | *28,30370* | *-16,57393* | |
| *w08-04:* | *28,31045* | *-16,58840* | |
| *w08-05:* | *28,28005* | *-16,60782* | |
| *w08-06:* | *28,27693* | *-16,60865* | |

teren 1000 Metern zum Ausgangspunkt. An der Gabelung kurz vor dem Besucherzentrum, ein Stück hinter der Drehtür, rechts zum Parkplatz.

*Die „Eier" sind große Felsbrocken von einigen Metern Durchmesser.*

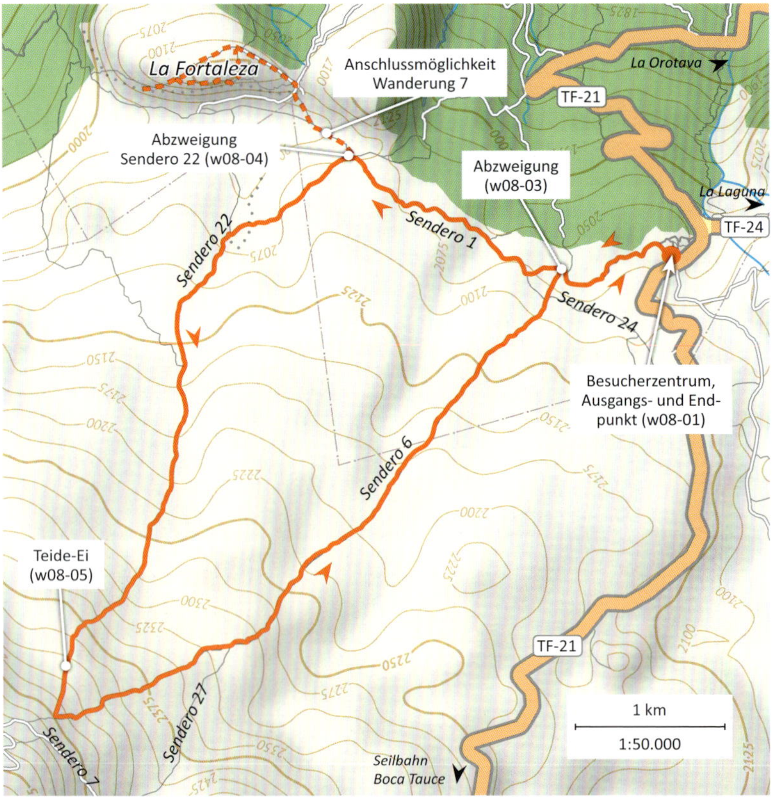

*Wanderung 9:*

## Teide-Abstieg über den Pico Viejo

Der Abstieg vom Teide über den Nebenkrater des Pico Viejo ist eine großartige Wanderung durch eine gewaltige Landschaft, aber auch die wohl schwierigste Tour im ganzen Nationalpark. Der Teide wird üblicherweise über die Montaña Blanca auf der Nordostseite bestiegen, weil dies der kürzeste Weg ist. Die Südwestroute über den Pico Viejo wird daher nur selten begangen. Der Reiz dieser Abstiegstour liegt in der Möglichkeit, das Riesenloch am Pico Viejo, das vom Aussichtspunkt in der Nähe der Seilbahn-Bergstation sehr gut zu sehen ist, aus der Nähe zu bewundern. Der Nebenkrater ist mit einem Durchmesser von rund 800 Metern und einer Tiefe von 80-100 Metern viel größer und eindrucksvoller als der Hauptkrater am Gipfel.

Am Aussichtspunkt beginnen wir den steilen Abstieg. Das ist auch gleich der schwierigste Teil des Weges: Wir müssen über Felsbrocken von einiger Größe balancieren, Trittsicherheit und ein gutes Gleichgewicht sind gefragt. Die ganze Zeit über hat man dabei einen großartigen Blick auf den langsam näher kommenden Krater. Schließlich haben wir das Feld der großen Brocken hinter uns ge-

*Auf einem steinigen Pfad steigt man zum riesigen Krater hinunter.*

bracht. Nun geht es recht einfach weiter zum Kraterrand, von dem aus wir einen Blick in die Tiefe werfen können. In die andere Richtung gibt es jetzt eine hübsche Aussicht über die gerade überwundenen Lavafelder zum Hauptgipfel. Diese Gegend ist eine der schönsten im Nationalpark, dramatisch und friedlich zugleich, bestimmt von den gewaltigen Dimensionen dieses Berges.

Danach geht es hinunter zu den Roques de García. Das Beste haben wir jetzt leider hinter uns: Dieser Teil des Abstiegs ist deutlich weniger spektakulär, dafür aber ziemlich lang und durch den rutschigen Untergrund auch etwas mühsam. Unten treffen wir dann auf die Menge der anderen Teide-Besucher, ehe es auf dem letzten Wegabschnitt wiederum etwas zäh durch die Ebene der Cañadas zum Ausgangspunkt zurück geht.

Eckdaten

| | |
|---|---|
| ***Anspruch Technik:*** | ●●●●○ *schwierig* |
| ***Anspruch Kondition:*** | ●●●●○ *schwierig* |
| ***Länge:*** | *15,1 km* |
| ***Höhenunterschied:*** | *Aufstieg 230 m, Abstieg 1420 m, Durchschnitt Steigung 1,5 %, Gefälle 9,4 %* |
| ***Gehzeit:*** | *5:00-6:00 Stunden (ohne Pausen)* |

***Anforderungen:*** *Eine recht lange Tour, die fast ausschließlich aus Abstiegspassagen besteht und konditionell nicht besonders fordernd ist. Die technischen Schwierigkeiten sind allerdings hoch: Der Abstieg vom Teide zum Pico Viejo führt steil über große Lavasteinbrocken und verlangt absolute Trittsicherheit. Im zweiten Teil geht es lange über steile und durch den losen Belag sehr rutschige Pfade zu den Roques de García hinunter. Unternehmen Sie diese Wanderung nur, wenn Sie Erfahrung mit anspruchsvollen Hochgebirgswegen haben! Bergstiefel sind unbedingt nötig, Wanderstöcke werden dringend empfohlen.*

***Wegmarkierungen:*** *Der Weg ist größtenteils markiert, manchmal aber nicht gut zu erkennen. Dennoch kann man sich kaum verlaufen.*

***Variationsmöglichkeiten:*** *Um sich den etwas langweiligen letzten Wegteil zwischen Parador und Seilbahnstation zu ersparen, kann man das Auto am Parador parken und von dort um 10:42 Uhr mit dem Bus zur Seilbahnstation fahren oder umgekehrt an der Seil-*

Eckdaten

*bahn parken und am Ende den Bus um 16:00 Uhr vom Parador zur Seilbahn abpassen (es gibt nur diese beiden Fahrten am Tag). Die Wanderung verkürzt sich dann um knapp 5 km.*

***Anfahrt mit dem Auto:*** *Wir benutzen den Parkplatz an der Talstation der Seilbahn.*

***Anfahrt mit dem Bus:*** *Linie 348 ab Puerto de la Cruz oder Linie 342 ab Costa Adeje über Los Cristianos bis Haltestelle Teleférico. Auf beiden Linien nur eine Fahrt am Morgen (9:15 ab Puerto, 9:15 ab Costa Adeje) und eine am Nachmittag zurück (16:07 ab Teleférico nach Puerto, 15:37 nach Costa Adeje). Busfahrer können die Tour auch am Parador beenden.*

Wegbeschreibung

Von der Bergstation (w09-01) gehen wir Richtung Südwesten (also, wenn man ins Tal schaut, nach rechts) zum Mirador Pico Viejo (w09-02). Von hier aus hat man den riesigen Krater des Pico Viejo, der unser erstes Ziel ist, schon im Blick. Am Aussichtspunkt beginnt der steile Abstiegsweg, auf dem man über große Brocken balancieren muss. Der Weg ist gelegentlich durch Plaketten als Sendero 9 markiert, oft aber nur schwer zu erkennen. Endlich erreichen wir ein Gebiet mit hellerem Gestein, in dem es für eine Weile sehr bequem vorangeht. Von hier aus kann man einen schönen Blick zurück auf den Hauptgipfel genießen. Wir kommen an der Abzweigung des Sendero 23 vorbei, der unser Abstiegsweg ist

*Zwischendurch bietet sich ein schöner Blick zurück auf den Hauptgipfel.*

(w09-03). Zunächst gehen wir aber geradeaus leicht ansteigend noch gut 300 Meter weiter; bei der Plakette des Sendero 9 führt ein kurzer Pfad nach rechts zum Kraterrand des Pico Viejo hinauf (w09-04).

Wir gehen zurück zur Abzweigung der Sendero 23, die durch eine Tafel markiert ist („Los Regatones Negros“). Die Schwierigkeit des Weges wird hier als „extrem“ bezeichnet. Lassen Sie sich davon aber nicht erschrecken – schlimmer als bisher wird es nicht! Allerdings ist der nun folgende Abstieg auch nicht zu unterschätzen: Viele Passagen sind steil, der Untergrund ist sandig und sehr rutschig. Wir bewegen uns auf die Roques de García zu und erreichen schließlich den Sendero 3, der die Felsgruppe umrundet (w09-05). Wir gehen links an den Felsen vorbei zum Parkplatz, dann über die Straße auf den Parador zu. Direkt vor dem Gebäude wieder links auf die kurze Zufahrtsstraße. Etwa in der Mitte dieser Zufahrt zweigt ein kleiner Pfad nach rechts ab, der als Fußweg zum Teleférico beschildert ist (w09-06). Dieser Pfad führt uns parallel zur Straße in 4,9 km zum Parkplatz der Seilbahnstation.

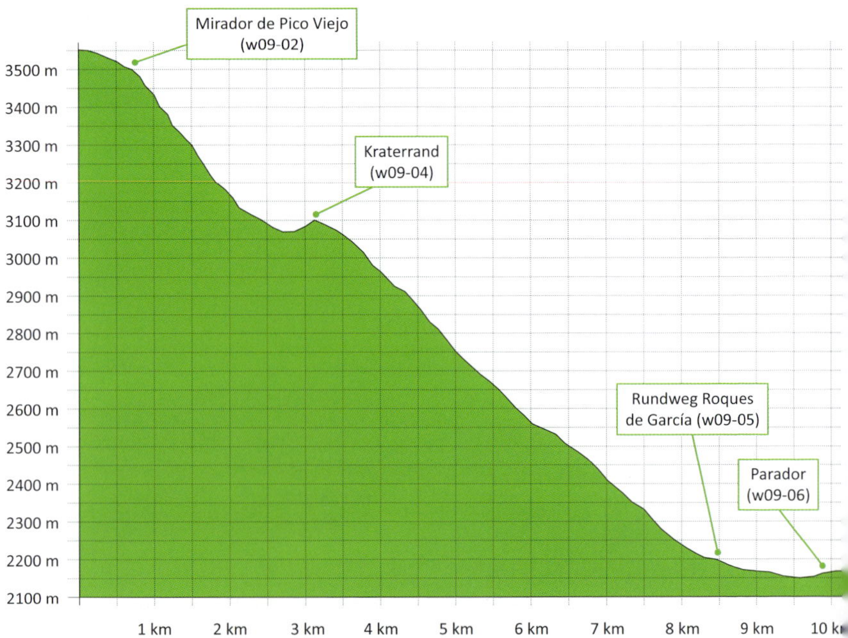

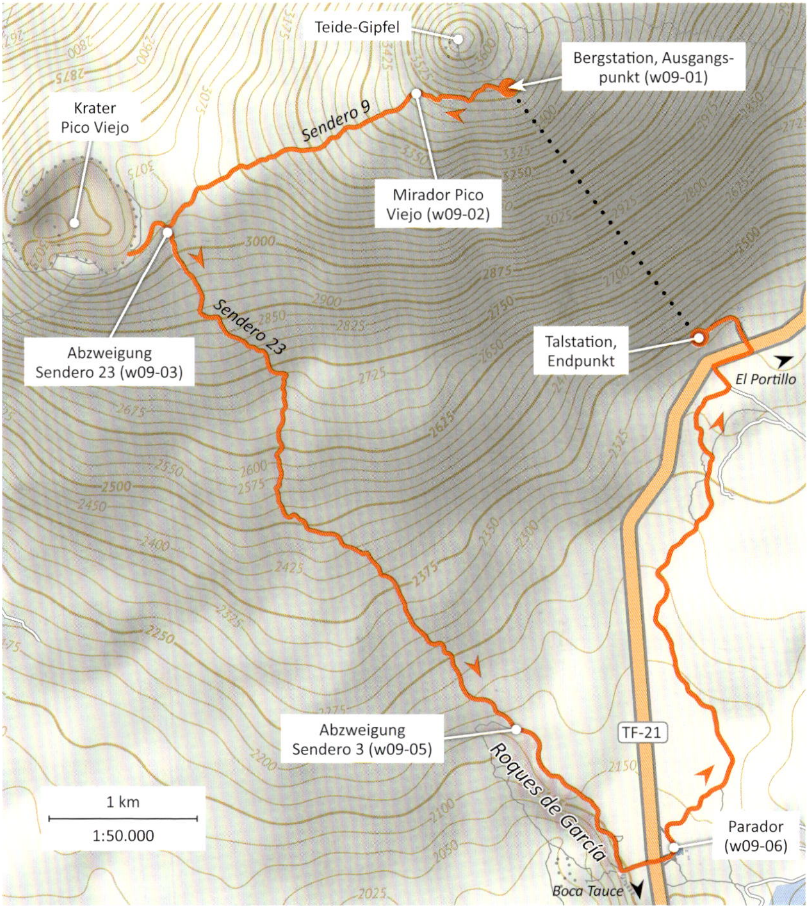

| | | | |
|---|---|---|---|
| w09-01: | 28,26987 | -16,63902 | GPS |
| w09-02: | 28,26987 | -16,64500 | |
| w09-03: | 28,26167 | -16,66178 | |
| w09-04: | 28,26040 | -16,66445 | |
| w09-05: | 28,23175 | -16,63808 | |
| w09-06: | 28,22548 | -16,62788 | |

## Um die Roques de García

Die Roques de García sind einer der Pflichtstopps bei einem Besuch in den Cañadas. Auf einem bequemen Weg kann man die knapp 1,3 Kilometer lange Felskette umrunden – diese hübsche und sehr einfache Kurzwanderung ist aus gutem Grund die beliebteste Tour im Nationalpark. Gleich ganz am Anfang sieht man den Roque Cinchado, der mit seiner markanten Form zu den bekanntesten Motiven Teneriffas gehört. Aber es lohnt sich, noch weiter zu gehen: Der Weg führt zunächst an der Ostseite der Felskette entlang und bietet immer wieder schöne Blicke auf die bizarren Formen. Oft begegnet man hier auch sehr zutraulichen Kanaren-Eidechsen (➤ Seite 94).

Von einem Aussichtspunkt am Ende der Felskette haben wir einen sehr schönen Blick auf die Westseite der Roques und die Ebene Llano de Ucanca, die mehr als 100 Meter tiefer liegt als der Hauptteil der Cañadas. Der Weg führt jetzt hinunter und auf der Westseite zurück zum Ausgangspunkt. Die Felsen ragen hier viel höher auf und bieten so einen ganz anderen und sehr eindrucksvollen Anblick. Vor dem solitären Felsturm der „Catedral“ geht es schließlich wieder zum Parkplatz hinauf.

*Der Weg umrundet die bizarren Felsformationen.*

Eckdaten

| | | |
|---|---|---|
| ***Anspruch Technik:*** | ● ● ● ● ● | *sehr leicht* |
| ***Anspruch Kondition:*** | ● ● ● ● ● | *sehr leicht* |
| ***Länge:*** | *3,4 km* | |
| ***Höhenunterschied:*** | *Auf- und Abstieg jeweils 150 m, Durchschnitt Steigung/Gefälle jeweils 4,4 %* | |
| ***Gehzeit:*** | *0:50-1:00 Stunden (ohne Pausen)* | |

***Anforderungen:*** *Eine sehr einfache Wanderung auf breitem Weg, im ersten Teil praktisch ohne Höhenunterschied.*

***Wegmarkierungen:*** *Der Weg ist auf der gesamten Strecke sehr gut markiert.*

***Variationsmöglichkeiten:*** *Wer nur einen kurzen Spaziergang unternehmen möchte, kann irgendwann während der ersten Weghälfte umkehren. Auch auf diese Art bekommt man einen schönen Eindruck von den Felsen.*

***Anfahrt mit dem Auto:*** *Direkt an den Felsen befindet sich ein großer Parkplatz (gegenüber vom Parador, w10-01).*

***Anfahrt mit dem Bus:*** *Linie 348 ab Puerto de la Cruz oder Linie 342 ab Costa Adeje über Los Cristianos bis Haltestelle Parador. Auf beiden Linien nur eine Fahrt am Morgen (9:15 ab Puerto, 9:15 ab Costa Adeje) und eine am Nachmittag zurück (16:00 ab Parador nach Puerto, 15:45 nach Costa Adeje).*

Wegbeschreibung

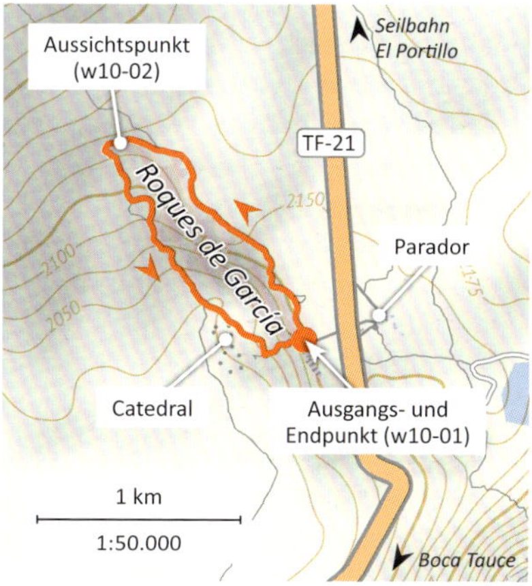


Der Weg beginnt an der Wendeschleife des Parkplatzes (w10-01) und führt rechts an den Felsen vorbei auf den Teide zu. Am Ende der Felsgruppe (nach etwa 1,5 km) erreichen wir einen Aussichtspunkt mit Blick auf die Westseite der Roques de García (w10-02). Kurz danach steigt der Weg langsam zur Ebene Llano de Ucanca hinunter, um dann auf der anderen Seite der Felsgruppe wieder zurück zu führen. Wir sehen bald die markante Felsformation der Catedral vor uns; der Weg führt links direkt daran vorbei (w10-03) und hinauf zum Aussichtspunkt am Parkplatz.

*Von der Westseite aus bieten die Felsen noch einmal einen ganz anderen Anblick.*

GPS

*w10-01: 28,22327 -16,63075*
*w10-02: 28,23185 -16,63998*
*w10-03: 28,22407 -16,63463*

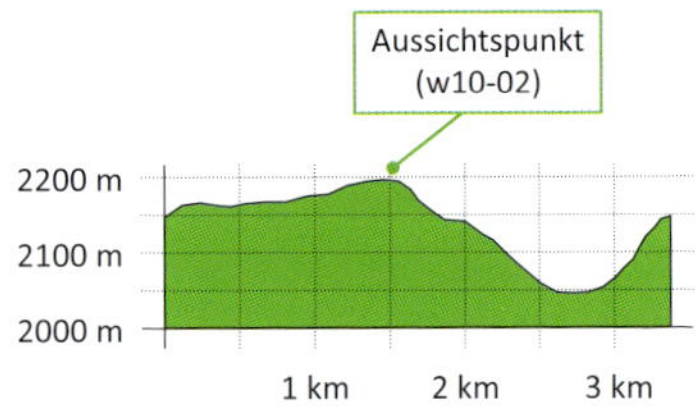


## *Tipp:* Geführte Wanderungen

Wenn Sie auf Teneriffa nicht alleine unterwegs sein möchten, können Sie sich einer geführten Wanderung anschließen! Bei diesen Touren wird eine kleine Gruppe von einem erfahrenen, deutsch sprechenden Wanderführer begleitet. Er kennt den Weg und stellt sicher, dass Sie sich nicht verlaufen. Außerdem kann er Ihnen viele interessante Details über Landschaft, Tier- und Pflanzenwelt und die Kultur der Insel erzählen. In der Regel ist ein Bustransfer enthalten, so dass Sie kein Auto brauchen. Die meisten Anbieter haben auch die Gipfelbesteigung des Teide im Programm und organisieren dafür die Genehmigung!

*Angela und Jörg, www.aventura-wandern.de*
*Tel. 0034 922 364 504 (Festnetz) oder 0034 639 264 135 (Mobil)*

*Steffi und Lothar Schmid, www.teneriffa-kreaktiv.com*
*Tel. 0034 922 725 282 (Festnetz) oder 0034 607 570 357 (Mobil)*

*Wanderung 11:*

## Zum Alto de Guajara

Die Cañadas werden nach Südosten hin von einer Bergkette begrenzt, die bis zu 500 Meter über die Ebene aufragt. Der Alto de Guajara ist mit einer Gipfelhöhe von 2718 Metern die höchste Erhebung dieser Caldera-Randberge. Mit seiner kantigen Form, die von einem imposanten Steilhang im oberen Bereich geprägt ist, erhebt er sich über die Gegend um den Parador.

Die Besteigung dieses Gipfels über den flachen Westhang ist nicht besonders schwierig und verlangt nur etwas Ausdauer. Schon kurz nach dem Start erreichen wir eine der schönsten Felsformationen der Cañadas, die Piedras Amarillas. Der Name bedeutet „gelbe Steine" – tatsächlich sind sie eher hellbraun, ihre bizarren Formen sind faszinierend. Die Felsen sind nur etwa 1,4 km vom Parkplatz entfernt und daher auch ein schönes Ziel, wenn man nur einen kurzen Spaziergang machen möchte.

Der erste Teil des Weges verläuft etwas eintönig auf einer breiten Fahrpiste. Erst mit dem Aufstieg zur Passhöhe Degollada de Guajara wird es interessanter: Von hier aus sieht man zur Südküste um El Médano

*Eine bessere Aussicht auf den Teide gibt es definitiv nirgends!*

hinunter, die sich fast 2400 Meter unter uns befindet. In die andere Richtung haben wir bereits einen grandiosen Blick auf die Cañadas und den Teide. Geradeaus geht es nach Vilaflor, wir biegen aber kurz nach dem Pass ab und steigen auf einem staubigen und ziemlich steilen Pfad zum Gipfel des Alto de Guajara hinauf.

Das flache, kahle Gipfelplateau bietet die definitiv beste Aussicht auf den Teide, die man irgendwo finden kann! Aber auch die Kette der Caldera-Randberge wirkt von hier aus sehr imposant. Wir befinden uns jetzt direkt oberhalb der Nordwand, die mehr als 200 Meter fast senkrecht abfällt und dem Alto de Guajara sein markantes Profil gibt. Da dies die einzige vertretbare Route auf den Gipfel ist (der Abstieg an der Ostflanke ist nicht ungefährlich und auch nicht gestattet), gehen wir auf dem selben Weg zurück.

*Das markante Profil des Alto de Guajara überragt die Cañadas.*

**Eckdaten**

| | | |
|---|---|---|
| ***Anspruch Technik:*** | ● ● ● ○ ○ | *mittel* |
| ***Anspruch Kondition:*** | ● ● ● ○ ○ | *mittel* |
| ***Länge:*** | *13,4 km* | |
| ***Höhenunterschied:*** | *Auf- und Abstieg jeweils 700 m, Durchschnitt Steigung/Gefälle jeweils 5,2 %* | |

Eckdaten

***Gehzeit:*** *4:00-5:20 Stunden (ohne Pausen)*

***Anforderungen:*** *Eine lange und durch den Höhenunterschied anstrengende Wanderung, zuerst auf einer Piste, dann auf einem steilen, steinigen Pfad. Wanderschuhe sind unbedingt ratsam, Stöcke können sinnvoll sein. Auf der Passhöhe und dem Gipfel kann es sehr windig und kühl sein.*

***Wegmarkierungen:*** *Der Weg ist auf der gesamten Strecke sehr gut markiert.*

***Variationsmöglichkeiten:*** *Um die Wanderung zu verkürzen, kann man schon an der Passhöhe Degollada de Guajara umkehren. Bei dieser Option (9,8 km, 420 Höhenmeter im Auf- und Abstieg) hat man eine ähnliche Aussicht wie vom Gipfel und spart den anstrengenden Aufstieg am Schluss.*

***Anfahrt mit dem Auto:*** *Ausgangspunkt ist der große Parkplatz beim Parador (w11-01).*

***Anfahrt mit dem Bus:*** *Wie bei Wanderung 10, Seite 165.*

*Die Piedras Amarillas sind eine der schönsten Felsformationen im Teide-Gebiet.*

*Wegbeschreibung*

Unser Weg beginnt an der Wendeschleife des Parkplatzes (w11-01) und führt zunächst als schmaler Pfad durch Lavafelder. Nach 700 Metern treffen wir auf eine breite Piste, der wir nach links folgen (w11-02). 600 Meter nach dem Abzweig auf die Piste lohnt ein Abstecher nach rechts zu den Piedras Amarillas (w11-03). Nach 2,8 etwas eintönigen Kilometern auf der Piste zweigt ein schmaler Pfad nach rechts ab, der mit GR-131 nach Vilaflor gekennzeichnet ist (w11-04). Dieser Weg bringt uns steil zur Passhöhe Degollada de Guajara hinauf, die bereits eine schöne Aussicht zum Teide und zur Südostküste bietet (w11-05). Wir gehen nach rechts auf dem GR-131 weiter. 500 Meter nach dem Pass zweigt der Weg zum Gipfel nach rechts ab, markiert als Sendero 15 (w11-06). Auf diesem Weg erreichen wir nach weiteren 1,5 km den Gipfel des Alto de Guajara (w11-07). Zurück geht es auf dem selben Weg.

**GPS**

| | | |
|---|---|---|
| *w11-01:* | *28,22382* | *-16,62723* |
| *w11-02:* | *28,22085* | *-16,62240* |
| *w11-03:* | *28,22212* | *-16,61997* |
| *w11-04:* | *28,22345* | *-16,60547* |
| *w11-05:* | *28,21827* | *-16,59983* |
| *w11-06:* | *28,21452* | *-16,60030* |
| *w11-07:* | *28,21697* | *-16,61207* |

*An der Degollada de Guajara überquert der Weg die Kette der Caldera-Randberge.*

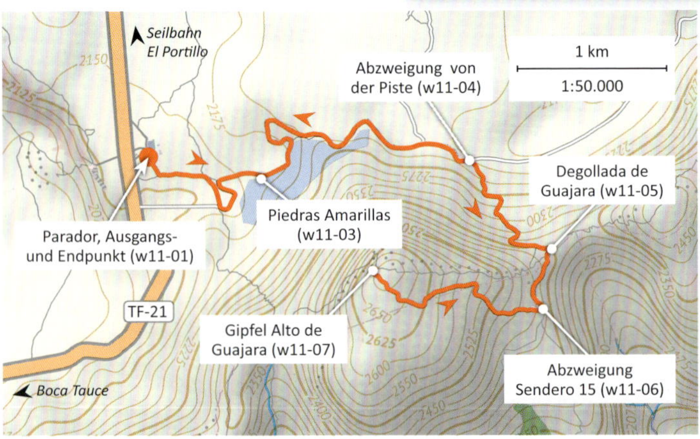

## Um die Montaña de la Botija

Im Nordwesten des Nationalparks befinden sich einige kleine, unscheinbare Vulkane in unmittelbarer Nähe des Teide. Da diese Gegend auf den ersten Blick nicht ganz so spektakulär erscheint wie der zentrale Teil der Cañadas, wird sie von den meisten Besuchern nicht wirklich wahrgenommen. Doch kann man hier mit einer sehr einfachen Kurzwanderung eine ganz außergewöhnliche Landschaft erleben!

Ganz am Anfang bringt uns ein kurzer Aufstieg zum Gipfel des kleinen Vulkans Sámara. Die Kanarische Kiefer bildet hier einen lockeren Pionierwald. Danach umrundet der Weg die niedrige Kuppe des Volcán de la Botija und führt uns in eine der lebensfeindlichsten Landschaften des Nationalparks: Der benachbarte Vulkan Montaña Reventada brach zuletzt während des Mittelalters aus und verwüstete die Umgebung mit Lavaflüssen. Vom Weg aus kann man einen Blick in seinen halboffenen Krater werfen, hinter dem sich der Teide erhebt. Es gibt hier keine höhere Vegetation, nur dunkelbraunes bis schwarzes Lavagestein, von keinem sichtbaren Grün unterbrochen – eine fremdartige, düstere Szenerie!

*Die etwa 800-1000 Jahre alte Lavalandschaft an der Montaña Reventada ist weitgehend leblos.*

Eckdaten

**Anspruch Technik:** ●●○○○ *leicht*
**Anspruch Kondition:** ●●○○○ *leicht*
**Länge:** *5,0 km*
**Höhenunterschied:** *Auf- und Abstieg jeweils 270 m, Durchschnitt Steigung/Gefälle jeweils 5,4 %*
**Gehzeit:** *1:10-1:20 Stunden (ohne Pausen)*

***Anforderungen:*** *Eine sehr einfache Kurzwanderung, die nur durch einige kurze Anstiege auf losem Sand etwas anstrengend ist.*

***Wegmarkierungen:*** *Der Weg ist auf der gesamten Strecke gut markiert.*

***Anfahrt mit dem Auto:*** *7,6 km nordwestlich von Boca de Tauce (an der TF-38 Richtung Chío) befindet sich der Mirador de Sámara, an dem man parken kann (w12-01). Wenn man aus Richtung Chío kommt, ist es der erste Aussichtspunkt im Nationalpark.*

***Anfahrt mit dem Bus:*** *Keine Verbindung zum Ausgangspunkt.*

Wegbeschreibung

Wir gehen vom Parkplatz aus zunächst geradeaus, der Beschilderung des Sendero 13 folgend. Der Weg führt auf eine Anhöhe, die vom Ausgangspunkt aus schon zu sehen ist (w12-02); hier kann man man links einen Abstecher auf den Gipfel der Montaña Sámara machen (w12-03). Danach zurück zur Anhöhe und dort geradeaus, jetzt immer dem deutlichen Weg folgend, der uns durch lockeren Kiefernbestand führt. Mit einem etwas mühsamen Anstieg erreichen wir eine kahle, baumlose Anhöhe und folgen hier der Beschilderung des Sendero 13 nach rechts (w12-04). An einer unmarkierten Gabelung etwa 25 Meter weiter nach links

GPS

| | | |
|---|---|---|
| *w12-01:* | *28,26673* | *-16,72598* |
| *w12-02:* | *28,26897* | *-16,72570* |
| *w12-03:* | *28,26897* | *-16,72790* |
| *w12-04:* | *28,26762* | *-16,71330* |

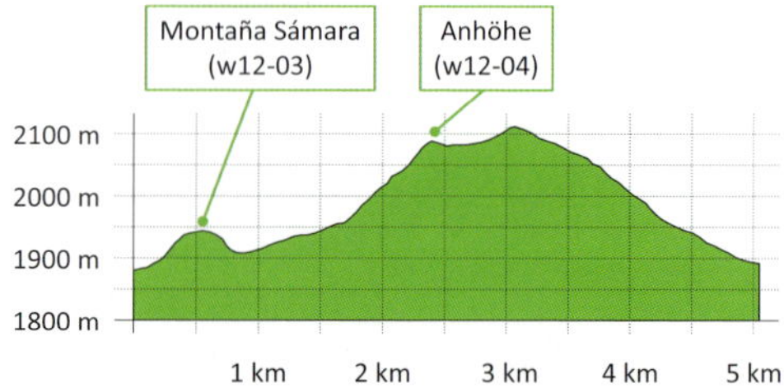

den Hang hinunter – diese Gabelung ist der einzige Punkt, an dem man sich verlaufen könnte. Die vor uns liegende niedrige Kuppe des Volcán de la Botija wird links umgangen (der Aufstieg ist nicht gestattet). Schließlich wird geradeaus der halboffene Krater der Montaña Reventada sichtbar. Der jetzt wieder deutlich erkennbare Pfad führt schließlich an einer einzelnen Kiefer vorbei, die der einzige Baum in weitem Umkreis ist, und macht gleich danach einen Schwenk nach rechts. Wir gehen jetzt wieder in Richtung unseres Ausgangspunkts. In Sichtweite der Straße an der Abzweigung des Sendero 32 vorbei geradeaus weiter zum Parkplatz.

*An der Montaña Sámara konnten dagegen zumindest einige Pionierpflanzen Fuß fassen.*

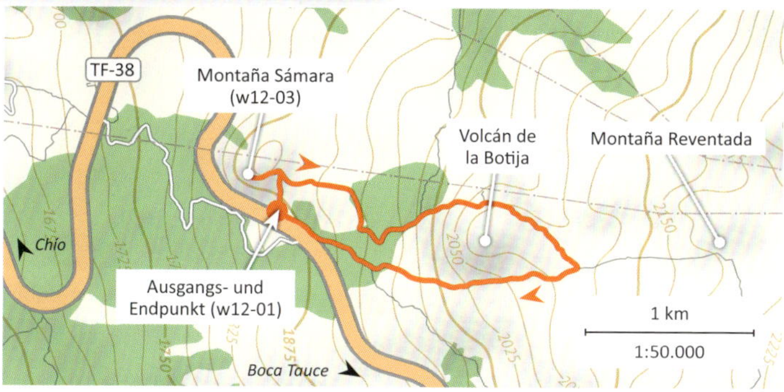

## Zur Pajsaje Lunar

Eine entspannte Kurzwanderung in den Wäldern oberhalb von Vilaflor führt zur Pajsaje Lunar, der „Mondlandschaft“. Diese geologische Besonderheit wird manchmal als „eines der größten Naturwunder Teneriffas“ bezeichnet. Auch wenn das ein wenig übertrieben scheint, ist die Pajsaje Lunar ein schönes Ziel für diese sehr einfache Tour! Allzu viel sollte man allerdings nicht erwarten, denn die Mondlandschaft besteht nur aus zwei sehr kleinen Arealen, die beide kaum größer als ein durchschnittliches Gartengrundstück sind.

Der Weg vom Parkplatz dorthin ist nicht viel mehr als ein kurzer Spaziergang durch den lockeren Kiefernwald. Schon nach etwas mehr als zwei Kilometern ist man am Ziel: Eigenartige Spitzen aus hellem Gestein erheben sich am Hang aus dem Wald. Auch diese Formationen, die man auf Teneriffa nur an dieser einen Stelle findet, sind durch Vulkanismus entstanden: Vor rund 500.000 Jahren wurden bei einem Ausbruch große Mengen von Asche in die Luft geschleudert, die sich hier ablagerten und sich zu einem lockeren Gestein verdichteten. Später bildeten sich dann durch Erosion die heute sichtba-

*Die eigenartigen Formen sind durch Erosion von Ascheablagerungen entstanden.*

ren, seltsam organisch wirkenden Formen. Man kann von hier aus auf dem selben Weg zurück gehen oder noch eine schöne Runde über das Waldcamp Madre del Agua anschließen. Die Fortsetzung lohnt sich, weil sie zunächst den unteren Teil der Mondlandschaft passiert und dann durch schönen Kiefernwald zu den Hütten des Camps führt, die sich für eine ausgedehnte Rast anbieten.

Eckdaten

***Anspruch Technik:*** ●●○○○ *leicht*

***Anspruch Kondition:*** ●●○○○ *leicht*

***Länge:*** *6,1 km*

***Höhenunterschied:*** *Auf- und Abstieg jeweils 290 m, Durchschnitt Steigung/Gefälle jeweils 4,7 %*

***Gehzeit:*** *1:30-1:50 Stunden (ohne Pausen)*

***Anforderungen:*** *Eine einfache Kurzwanderung auf überwiegend ebenen, kiesigen Wegen. Im zweiten Abschnitt (ab Pajsaje Lunar) ist der Weg etwas schwieriger.*

***Wegmarkierungen:*** *Der Weg ist bis zum Aussichtspunkt sehr gut markiert, danach nur noch lückenhaft. Im zweiten Abschnitt sind Orientierungsprobleme daher nicht auszuschließen.*

***Variationsmöglichkeiten:*** *Man kann die Wanderung um rund 550 Meter und 40 Höhenmeter verkürzen, wenn man bei w13-07 die beschriebene Abkürzung über die Piste nimmt.*

***Anfahrt mit dem Auto:*** *1,8 km nördlich der letzten Häuser von Vilaflor zweigt in einer Kurve eine Piste Richtung Osten ab (w13-01). Ein Schild („Acceso a Madre del Agua") erklärt etwas umständlich auf Spanisch, mit welchen Fahrzeugen die Einfahrt erlaubt ist und mit welchen nicht – mit dem Auto darf man aber durchfahren. Die Piste sieht zunächst ziemlich rau aus, ist aber mit einem normalen Auto befahrbar und wird später auch etwas besser. Der Weg ist auf der gesamten Länge durch Schilder mit einem blauen C gekennzeichnet. An einer Gabelung folgen wir einem Schild nach rechts Richtung Pajsaje Lunar. 6,3 km nach dem Beginn der Piste (die Fahrt dauert 20-25 Minuten) erreichen wir eine Stelle, an der zwei Wanderwege nach rechts (Richtung Las Vegas und Cruz de Tea) abzweigen und einer nach links. Hier parken wir das Auto (w13-02).*

***Anfahrt mit dem Bus:*** *Keine Verbindung zum Ausgangspunkt.*

Wegbeschreibung

Wir nehmen den nach links führenden Weg, der nach Los Escurriales/ Pajsaje Lunar beschildert ist. Nach 430 Metern passieren wir zwei Weggabelungen in einem Abstand von wenigen Metern (w13-03). Hier gehen wir zuerst rechts und dann links, weiter Richtung Los Escurriales (TF 83). Nach weiteren 1,8 km erreichen wir einen Aussichtspunkt mit Blick auf die Tuffsteinpyramiden (w13-04). Ein Abschnitt liegt unten am gegenüber liegenden Hang der Schlucht, ein zweiter Teil links etwa auf gleicher Höhe im Talschluss. Um den Weg fortzusetzen, gehen wir vom Aussichtspunkt aus auf dem schmalen Pfad an den vor uns im Talschluss liegenden Teil der Mondlandschaft heran – beachten Sie aber bitte, dass das Betreteten verboten ist, weil diese sensible Landschaft dadurch zerstört würde! Unmittelbar vor den Pyramiden führt ein unmarkierter Pfad in die Schlucht hinunter zum zweiten, etwas tiefer liegenden Areal. Wir gehen unterhalb daran vorbei. Oben am rechten Hang ist jetzt der Aussichtspunkt, der Pfad schwenkt kurz darauf nach links. Von nun an ist ein wenig Orientierungssinn gefragt: Der Weg ist nur gelegentlich mit Steinstapeln und quadratischen Metalltäfelchen markiert. Es geht entlang einer Wasserleitung, dann geradeaus über einen langgezogenen Bergrücken.

Unten am Hang kommen schließlich die Hütten des Waldcamps Madre del Agua in Sicht. Wir folgen einer Piste den Hang hinunter, dann auf einem Pfad oder einfach weglos zur Hüttensiedlung. Wir gehen an den ersten Hütten vorbei und erreichen einen zentralen Platz mit Tischen und einem Trinkwasserbrunnen (w13-05). Jetzt wird es für kurze Zeit kompliziert: Um den richtigen Weg aus dem Gelände zu erwischen, müssen wir vom Brunnen aus ungefähr 200 Meter weglos geradeaus gehen, das Einfahrtstor und eine große Gemeinschaftshütte links liegen lassend. Wir bewegen uns auf eine große Kiefer mit einem Tisch darunter zu und sehen schließlich rechts wieder einen Pfad, der deutlich durch zwei Steinreihen markiert ist (w13-06). Auf diesem Pfad geht es an einem Mauerrest vorbei, dann durch ein trockenes Bachbett, rechts über uns ist eine Wasserleitungsbrücke.

*Vom Aussichtspunkt aus führt der Weg dicht an den Pyramiden vorbei.*

Von nun an ist der Weg wieder eindeutig. 600 Meter nach Verlassen des Camps tangiert er die Kurve einer Fahrpiste (w13-07); hier kann man auf der Piste geradeaus zum Ausgangspunkt abkürzen (noch etwa 600 Meter, die Gesamtstrecke reduziert sich um 550 Meter). Wer noch motiviert ist, setzt den Weg auf dem Pfad fort und erreicht so eine Kreuzung (w13-03); hier sind wir vorhin rechts zur Pajsaje Lunar hinaufgegangen, wir halten uns jetzt links Richtung Cruz de Tea/ Las Vegas.

| GPS | | |
|---|---|---|
| *w13-01:* | *28,16537* | *-16,63435* |
| *w13-02:* | *28,17287* | *-16,60160* |
| *w13-03:* | *28,17522* | *-16,60463* |
| *w13-04:* | *28,18923* | *-16,60433* |
| *w13-05:* | *28,18197* | *-16,59550* |
| *w13-06:* | *28,18025* | *-16,59398* |
| *w13-07:* | *28,17717* | *-16,59873* |

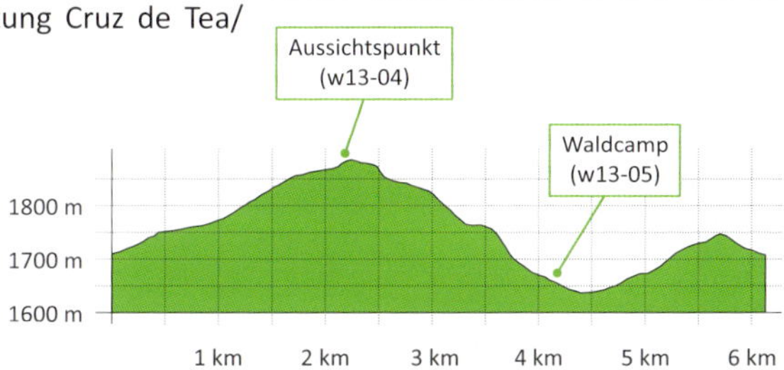


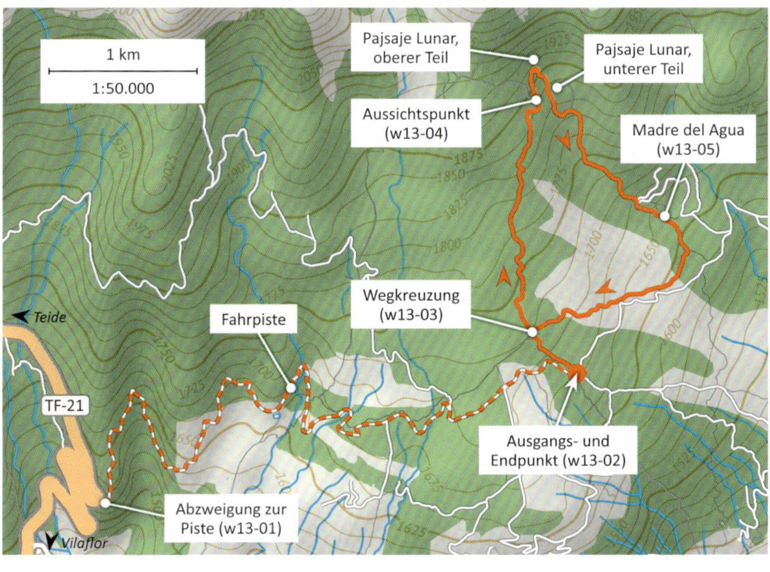

## Zum Garachico und um den Chinyero

Diese einfache Kurzwanderung führt zu einigen kleineren Vulkanen in der Nähe des Teide-Massivs, die erst vor wenigen Jahrhunderten ausgebrochen sind und eine faszinierende Landschaft geformt haben. Gleich zu Beginn sehen wir den Volcán Garachico, dessen Ausbruch 1706 den Hafen der gleichnamigen Stadt zerstörte (➤ Seite 111). Die Hänge sind von schwarzem Lavakies bedeckt, bis heute haben es nur wenige Exemplare der Kanarischen Kiefer und anderer Pionierpflanzen geschafft, sich hier anzusiedeln.

Wir entfernen uns vom Garachico und durchqueren dabei ein Gebiet, das von weiter zurück liegenden Ausbrüchen geprägt ist. Hier ist die Vegetation deutlich artenreicher, im Frühling kontrastieren zahlreiche blühende Pflanzen mit den dunkelgrauen Lavafelsen. Schließlich erreichen wir den jüngsten Vulkan der Insel, den Chinyero. Seine Eruption vor etwas mehr als einhundert Jahren, 1909, war bis heute der letzte Vulkanausbruch auf Teneriffa. Nach geologischen Maßstäben war das gerade erst gestern, und das gibt dieser Landschaft ihr besonderes Gesicht: Die Gebiete in unmittelbarer Nähe des Chinyero, die erst 1909 von Lava und Asche bedeckt wurden, sind

*Der Chinyero erhebt sich als vegetationsloser Kegel.*

bis heute kaum bewachsen. In monotonem Schwarz ragt der Vulkan empor. Nur sehr langsam kehrt das Leben hierher zurück, die wenigen Bäume wirken etwas verloren in der Fläche aus schwarzem Lavakies. Auf einem gut ausgebauten und sorgfältig markierten Wanderweg umrunden wir den Chinyero in etwas mehr als einer Stunde und haben dabei immer wieder schöne Aussichten auf die fremdartige Landschaft.

*Eckdaten*

| | |
|---|---|
| ***Anspruch Technik:*** | *●●●●● leicht* |
| ***Anspruch Kondition:*** | *●●●●● leicht* |
| ***Länge:*** | *10,5 km* |
| ***Höhenunterschied:*** | *Auf- und Abstieg jeweils 320 m, Durchschnitt Steigung/Gefälle jeweils 3,0 %* |
| ***Gehzeit:*** | *2:30-3:00 Stunden (ohne Pausen)* |

***Anforderungen:*** *Eine einfache Wanderung auf gut markierten Wegen ohne großen Höhenunterschied. Die Wege sind überwiegend mit feinem Kies bedeckt, einige kurze Passagen führen allerdings über grobe und scharfkantige Lavasteine. Wanderstiefel sind daher keine schlechte Idee!*

***Wegmarkierungen:*** *Der Weg ist auf der ganzen Strecke sehr gut mit Wegweisern markiert.*

***Variationsmöglichkeiten:*** *Um die Wanderung zu verkürzen, kann man sie an der TF-38 beginnen, die von Chío aus zum Teide-Nationalpark führt, und nur die Chinyero-Runde gehen.*

***Anfahrt mit dem Auto:*** *Von der TF-373 zweigt zwischen San José de Los Llanos und Montañeta (6,0 km östlich der Abzweigung von der TF-82 zwischen Santiago und Erjos) eine Piste Richtung Süden ab, die mit „Arenas Negras" beschildert ist (w14-01). Wir fahren auf dieser Piste in den Wald hinauf. Nach 1,9 km zeigt an einer Gabelung ein Schild mit einem blauen C und einem roten Pfeil nach links (w14-02); wir ignorieren diesen Wegweiser aber und fahren stattdessen rechts weiter. 750 Meter nach dieser Gabelung erreichen wir einen großen Parkplatz unterhalb eines Picknickgeländes (w14-03).*

***Anfahrt mit dem Bus:*** *Keine direkte Verbindung zum Ausgangspunkt. Die nächste Haltestelle (Entrada Arena Negras) befindet sich an der Abzweigung von der Hauptstraße TF-373 (Linie 360 ab Icod de los Vinos).*

Wegbeschreibung

Wir überqueren das Picknickgelände und halten uns dabei leicht nach links. So erreichen wir eine breite Piste, die, von einer Mauer gestützt, oberhalb entlang läuft (w14-04). Wir gehen auf der Piste nach rechts, verlassen sie aber schon nach 170 Metern auf einem schmalen, von Steinreihen gesäumten Weg nach rechts (w14-05, Wegweiser zum Chinyero). Schon bald kommt auf der rechten Seite der Volcán Garachico in Sicht. Wir folgen bei allen Abzweigungen den deutlichen Wegweisern Richtung Chinyero und den weiß-gelben Wegzeichen. Der Weg entfernt sich vom Garachico und steigt Richtung Süden an. 2,3 km nach dem Ausgangspunkt erreichen wir eine Piste, an der der Rundweg beginnt: Zwei Schilder mit „Circular Chinyero" weisen geradeaus und nach rechts (w14-06). Da es ein Rundweg ist, kann man ihn in beide Richtungen begehen; wenn man aber zunächst nach rechts geht und den Chinyero so entgegen dem Uhrzeigersinn umrundet, ist die Aussicht etwas schöner. Der weitere Weg ist überall gut erkennbar und an allen Kreuzungen und Gabelungen eindeutig markiert, so dass hier auf eine genaue Beschreibung verzichtet werden kann. Zurück an der Kreuzung mit der Forstpiste gehen wir auf dem selben Weg zurück, der Beschilderung nach Arenas Negras folgend.

Für die **Variante** parken wir an der TF-38. Diese Straße macht etwa bei Kilometer 15 eine langgezogene Kurve, Schilder weisen hier auf den Chinyero hin. Im Scheitelpunkt der Kurve führt eine durch eine Schranke versperrte Fahrpiste schräg von der Straße weg (w14-07), in der Nähe der Abzweigung kann man parken. Auf der Piste erreichen wir nach 400 Metern einen freien Platz mit einigen sehr großen Kiefern. Hier

*Nur die Kanarische Kiefer kann in der Vulkanlandschaft gedeihen.*

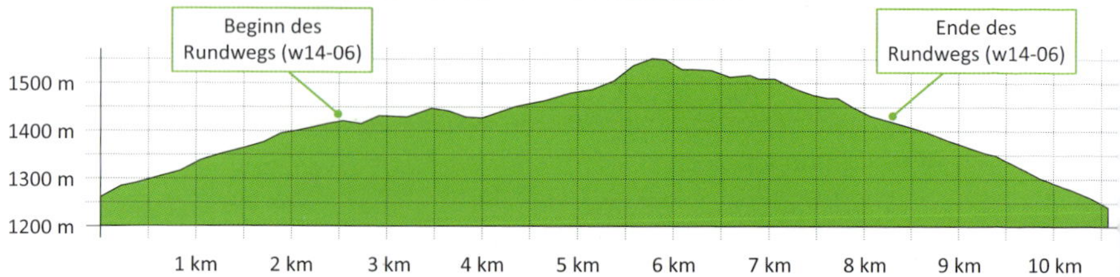

ein Stück nach rechts, bis wir auf den durch Steinreihen markierten Rundweg mit weiß-gelben Wegzeichen treffen. Dort gehen wir wiederum nach rechts und folgen den Wegzeichen und der Beschilderung „Circular Chinyero".

| GPS | | |
|---|---|---|
| w14-01: | 28,33257 | -16,75850 |
| w14-02: | 28,32193 | -16,75670 |
| w14-03: | 28,32015 | -16,75738 |
| w14-04: | 28,31878 | -16,75640 |
| w14-05: | 28,31823 | -16,75765 |
| w14-06: | 28,30190 | -16,76133 |

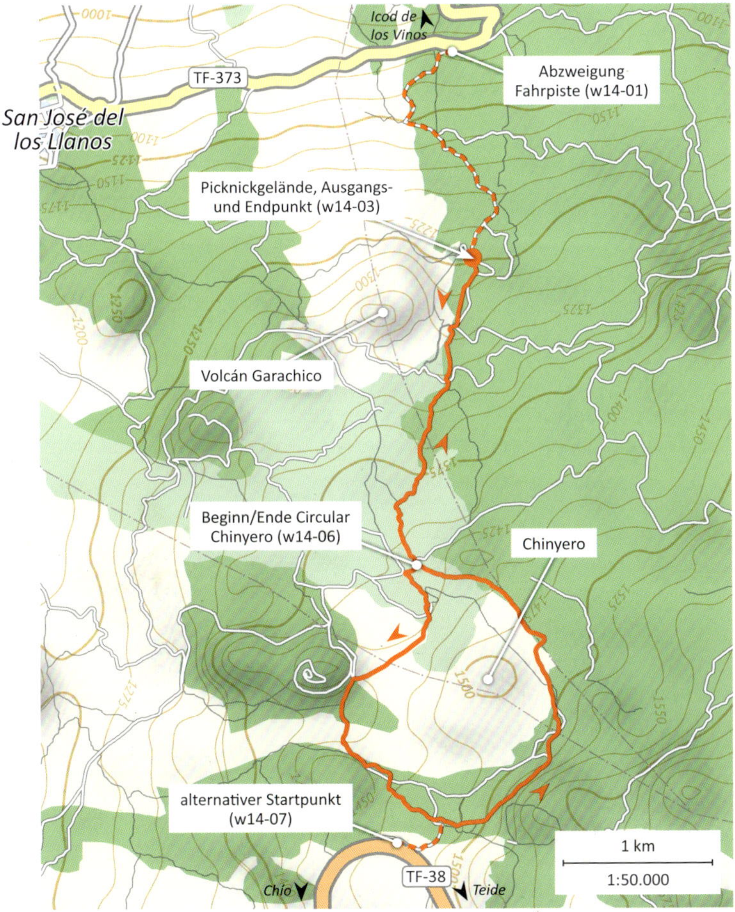

## Zur Finca de Guergues

Diese Wanderung führt auf einem Grat zwischen den beiden gewaltigsten Schluchten des Teno-Gebirges entlang und ist neben dem Abstieg durch den Barranco de Masca (➤ Seite 186) die schönste und lohnendste Wanderung in diesem Teil Teneriffas! Von Anfang an haben wir eine grandiose Aussicht auf die umgebende Bergwelt und das vor uns liegende Meer, unten am Hang liegt Masca. Auf der rechten Seite, parallel zu unserem Weg, befindet sich der Barranco de Masca, gegenüber der weniger bekannte Barranco del Natero. Die Felswände fallen mehrere hundert Meter steil ab, der Schluchtgrund ist nicht zu erkennen.

Große Teilstücke des Weges sind aufwendig mit Mauern aufgebaut und gepflastert. Es ist ein historischer Saumpfad, der zu einem abgelegenen Bauernhof führte, der Finca de Guergues. Über diesen Weg wurden die Erzeugnisse der Finca in die Dörfer transportiert und alles, was man dort nicht selbst erzeugen konnte, herangeschafft. Erstaunlich, welchen Aufwand man einst getrieben hat, um auch noch den letzten Winkel dieses kargen Berglands nutzen zu können! Ihren Höhepunkt erreicht die Wanderung bei der Überquerung eines

*Die Wanderung bietet eine phänomenale Aussicht über das Teno-Gebirge.*

schmalen Bergkamms in einer Höhe von mehr als 1000 Metern über dem Meer. Auf der rechten Seite liegen die unsichtbaren Tiefen des Barranco de Masca jetzt rund 700 Meter unter uns. Kurz danach erreichen wir das Wiesenplateau Lomo de Tablada. Der Dreschplatz der Finca ist ein schöner Ort für eine Pause – und ein geeigneter Punkt, um umzukehren, denn den schönsten Teil des Weges haben wir jetzt erlebt. Wer noch Lust auf eine Verlängerung hat, kann weiter zur eigentlichen Finca hinuntersteigen. Die überraschend bescheidenen, stark verfallenen Gebäude liegen abenteuerlich exponiert hoch über dem Meer, die Aussicht auf den unteren Teil des Barranco del Natero und die gewaltige Steilküste ist imposant!

Eckdaten

| | |
|---|---|
| ***Anspruch Technik:*** | ●●●●● *mittel* |
| ***Anspruch Kondition:*** | ●●●●● *mittel* |
| ***Länge:*** | *6,5 km* |
| ***Höhenunterschied:*** | *Auf- und Abstieg jeweils 540 m, Durchschnitt Steigung/Gefälle jeweils 8,3 %* |
| ***Gehzeit:*** | *1:50-2:50 Stunden (ohne Pausen)* |

***Anforderungen:*** *Eine nicht ganz einfache Wanderung, teilweise auf Fels, teilweise auf grobem Steinpflaster. Schuhe mit Profilsohle sind unbedingt nötig! Wenn Sie nicht ganz trittsicher sind, können Wanderstöcke hilfreich sein.*

***Wegmarkierungen:*** *Es gibt keine Markierungen oder Wegweiser. Am Beginn des Weges können Orientierungsprobleme auftreten, später ist der Verlauf eindeutig.*

***Variationsmöglichkeiten:*** *Für eine verkürzte Version bietet es sich an, beim Dreschplatz umzukehren, weil man bis dahin den interessantesten Teil des Weges gesehen hat.*

***Anfahrt mit dem Auto:*** *Der Ausgangspunkt ist an der TF-436 zwischen Santiago del Teide und Masca: 1,9 km nach der Abzweigung in Santiago befindet sich rechts ein Aussichtspunkt mit einem kleinen Parkplatz (w15-01). Wenn hier kein Platz ist, findet man eine weitere Parkmöglichkeit etwa 400 Meter weiter (hinter der scharfen Rechtskurve) auf der linken Seite (w15-02).*

***Anfahrt mit dem Bus:*** *Die nächste Haltestelle befindet sich am Aussichtspunkt La Cumbre, etwa 800 Meter Richtung Santiago (Linie 355 San-tiago-Buenavista).*

Wegbeschreibung

In der Kurve zwischen den beiden beschriebenen Parkmöglichkeiten befindet sich die Einfahrt zu einem kleinen Bauernhof, die mit einer Kette versperrt ist (w15-03). Direkt vor der Absperrung beginnt ein schmaler Pfad, der von der Einfahrt nach rechts weg führt. Auf den nächsten paar hundert Metern ist die Orientierung etwas schwierig, weil es ein ganzes Netz von Pfaden gibt. Um den richtigen Einstieg zu erwischen, muss man auf die markante Felszacke zuhalten. Wir müssen in jedem Fall auf die rechte Seite der Schlucht gelangen, die hier beginnt, und den Bauernhof weit nach rechts umgehen. Auf dem Bergrücken vor uns können wir schon den weiteren Verlauf des Pfades erkennen.

400 Meter nach dem Beginn des Weges passieren wir eine Tür, an der ein handgemaltes Schild den Zutritt mit Hunden verbietet („Finca Privada, no pasar con perros"), Wanderer dürfen aber durch (w15-04). Von nun an ist der Weg nicht mehr zu verfehlen, in Zweifelsfällen helfen kleine Steinstapel. Der Pfad bewegt sich jetzt immer den Bergrücken entlang und bietet großartige Ausblicke. Schließlich windet er sich zu einem Pass hinauf (w15-05). Direkt dahinter kann man weglos nach rechts einen kleinen Abstecher auf den Gipfel machen und die Aussicht in den Barranco de Masca genießen. Wir gehen weiter auf dem mit Steinstapeln markierten Weg und erreichen schließlich

*Der schmale Weg führt stets am Hang entlang.*

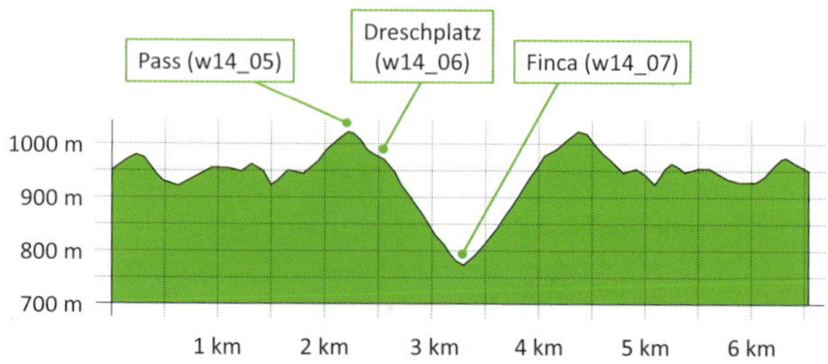

den Dreschplatz, eine kreisrunde gepflasterte Fläche, neben der eine verfallene Steinhütte steht (w15-06).

Die verfallene Finca liegt aussichtsreich an der Steilküste.

Die Reste der eigentlichen Finca liegen noch einmal fast 200 Höhenmeter tiefer. Um dorthin zu gelangen, gehen wir auf die zweite Steinhütte zu, die man vom Dreschplatz aus schon sehen kann. Von dort aus führt der Pfad weiter zur Finca, die aus zwei etwas größeren Steinhäusern besteht, die ähnlich verfallen sind wie die beiden kleinen Hütten (w15-07). Zurück nehmen wir den selben Weg. Auf dem ersten Stück von der Finca hinauf zum Dreschplatz verliert man allerdings leicht den Weg, weil es mehrere Pfade gibt. Versuchen Sie, immer nach oben zu steigen, und achten Sie auf Steinstapel!

| | | | GPS |
|---|---|---|---|
| w15-01: | 28,30010 | -16,82727 | |
| w15-02: | 28,30112 | -16,82720 | |
| w15-03: | 28,29928 | -16,82770 | |
| w15-04: | 28,29873 | -16,83135 | |
| w15-05: | 28,29408 | -16,84248 | |
| w15-06: | 28,29215 | -16,84493 | |
| w15-07: | 28,28775 | -16,84933 | |

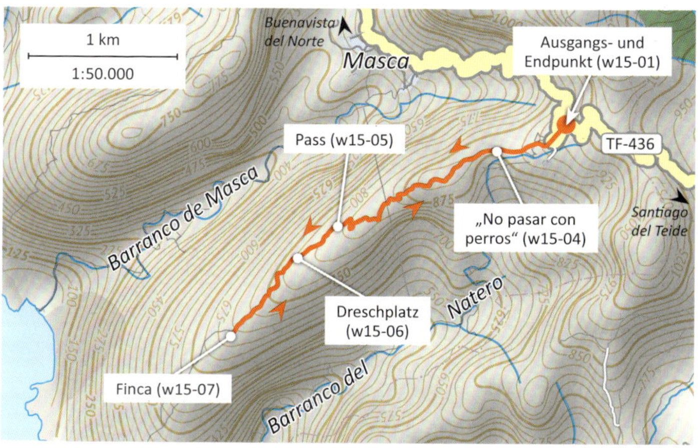

*Wanderung 16:*

## Durch den Barranco de Masca

Masca ist eines der meistbesuchten Ausflugsziele Teneriffas. Die meisten Besucher schlendern aber nur kurz durch die wenigen Gassen, werfen einen Blick in die Souvenirläden oder besuchen eines der Restaurants. Und versäumen damit das Beste: Direkt unterhalb des Dorfes beginnt der Barranco de Masca, eine der tiefsten Schluchten der Insel. Der Abstieg durch diese Schlucht hinunter zum Meer ist das vielleicht spannendste Abenteuer, das man auf Teneriffa erleben kann! Diese Tour ist kein Spaziergang, andererseits sind aber die Warnungen oft übertrieben: Halbwegs geländeerfahrene und gut ausgerüstete Wanderer haben keinen Grund, sich zu fürchten!

Der Weg beginnt harmlos mit einem Abstieg auf Treppenstufen, vorbei an kleinen Terrassenfeldern, die an den steilen Hang gebaut wurden. Doch schon bald verlassen wir

*Der Schluchtgrund wird von 600 Meter hohen Felswänden überragt.*

die ehemals bewirtschaftete Zone und steigen auf einem schmalen, steilen Pfad tiefer und tiefer in den Barranco hinunter. Die Szenerie wird dabei immer spektakulärer. Ab und zu passieren wir kleine, grüne Oasen, gespeist vom Wasser des Baches. Dieses Ökosystem ist so isoliert, dass manche der hier wachsenden Pflanzen nur in dieser Schlucht vorkommen. Kurz vor dem Ende ist der imposanteste Teil erreicht: Die Schlucht ist unten nur wenige Meter breit und windet sich zwischen Felswänden hindurch, die bis zu 600 Meter hoch aufragen!

Das Ziel der Wanderung, die Bucht von Masca, ist nach so starken Eindrücken ein wenig enttäuschend: Der Strand ist mit seinen großen Steinen nicht sehr einladend, der etwas schönere südliche Teil wegen Steinschlaggefahr gesperrt. Ambitionierte Wanderer gehen auf dem gleichen Weg wieder nach Masca zurück, die meisten bevorzugen aber die bequemere Option und lassen sich vom Bootstaxi nach Los Gigantes bringen.

Eckdaten

| | |
|---|---|
| ***Anspruch Technik:*** | ●●●●○ *schwierig* |
| ***Anspruch Kondition:*** | ●●○○○ *leicht* |
| ***Länge:*** | *4,6 km* |
| ***Höhenunterschied:*** | *Aufstieg 10 m, Abstieg 590 m, Durchschnitt Steigung 0,2%, Gefälle 13,9 %* |
| ***Gehzeit:*** | *2:10-3:00 Stunden (ohne Pausen)* |

***Anforderungen:*** *Eine anspruchsvolle Wanderung, überwiegend auf einem schmalen Pfad, einige Passagen führen weglos über Fels. An einigen wenigen Stellen muss man die Hände zu Hilfe nehmen, echtes Klettern ist aber nicht nötig. Wanderschuhe mit gutem Profil sind unbedingt nötig. Bei Regen können die Felspassagen gefährlich glatt werden.*

***Wegmarkierungen:*** *Der Weg ist nur beim Einstieg markiert, in der Schlucht aber nicht mehr zu verfehlen.*

***Anfahrt mit dem Auto:*** *Am besten beginnt man die Tour in Los Gigantes und lässt sich mit dem Taxi zum Ausgangspunkt bringen und mit dem Boot zurück (Details auf der nächsten Seite). Mit dem eigenen Auto bis Masca zu fahren empfiehlt sich nur, wenn man die Schlucht auch wieder hinauf gehen will.*

***Anfahrt mit dem Bus:*** *Linie 355 Santiago del Teide-Buenavista.*

**Tipp**

*Es gibt einen **Bootstaxi-Dienst**, der Wanderer in der Bucht von Masca abholt und nach Los Gigantes bringt. Auf diese Art kann man den Barranco nur abwärts durchwandern und sich den Rückweg sparen. Das Bootstaxi (um 10,- € pro Person) muss allerdings vorher in Los Gigantes bei einer der zahlreichen Agenturen gebucht werden: Halten Sie nach „Masca Trekking“ Ausschau oder fragen Sie im Hotel. Telefonisch können Sie z.B. den Veranstalter Top Class Tours unter 0034 922 862 120 erreichen.*

*Die Boote fahren am Nachmittag alle 1-2 Stunden von der Playa de Masca nach Los Gigantes. Allerdings muss man sich bei der Buchung auf eine bestimmte Fahrt festlegen, was die Flexibilität einschränkt. Rechnen Sie für die Wanderung mindestens zwei Stunden reine Gehzeit ein (plus Pausen), besser drei. Die Agentur ruft Ihnen auch ein Taxi, das Sie für 22-25 € pro Fahrt in etwa 45 Minuten von Los Gigantes zum Ausgangspunkt in Masca bringt. Mit öffentlichen Bussen ist Masca von Los Gigantes aus nur etwas umständlich mit Umstieg und Aufenthalt in Santiago del Teide zu erreichen.*

*Wenn Sie nicht auf eigene Faust gehen möchten, können Sie sich auch einer komplett **geführten Wanderung** anschließen (Seite 166). Diese Touren enthalten die Hinfahrt mit dem Bus und die Rückfahrt mit dem Boot.*

**Wegbeschreibung**

Der Weg beginnt im mittleren Ortsteil von Masca (der mit der Kirche). Wir gehen auf der Hauptstraße, die zur auffälligen Felsspitze Roque Catano führt, eine Treppe hinunter. Am unteren Ende der Treppe zweigt unser Weg nach links ab; eine große Tafel weist auf die Gefahren der Schluchtbegehung hin (w16-01). Hier wird auch erwähnt, dass der Strand von Masca wegen Steinschlaggefahr gesperrt ist. Lassen Sie sich aber nicht irritieren: Die Sperre betrifft nur den südlichen Teil der Bucht, der Bootsanleger an der Nordseite ist zugänglich! Hat man den Einstieg erst einmal gefunden, kann man sich nicht mehr

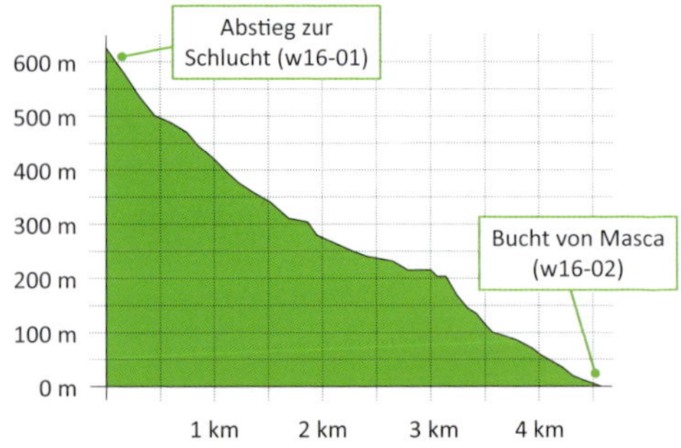

verlaufen, so dass auf eine detaillierte Wegbeschreibung verzichtet werden kann. An einigen Stellen ist der Wegverlauf nicht sofort erkennbar, hier muss man etwas suchen. Bleiben Sie in Zweifelsfällen immer am Grund der Schlucht; manche Pfade führen bergauf, enden aber bald. Wir erreichen schließlich die Bucht (w16-02), der Bootsanleger befindet sich rechts.

| GPS | | |
|---|---|---|
| *w16-01:* | *28,30432* | *-16,84052* |
| *w16-02:* | *28,28903* | *-16,86245* |

*In der Schlucht kommt man immer wieder an kleinen grünen Oasen vorbei.*

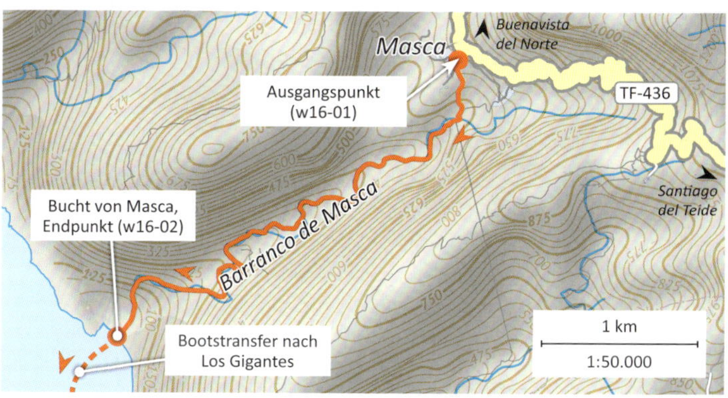

## Über den Camino del Risco

Wenn man auf der Küstenstraße von Buenavista del Norte Richtung Punta de Teno fährt, sieht man einen enormen Steilhang mehr als 600 Meter hoch aufragen. Kaum vorstellbar, dass dieser Hang ohne Kletterei überwindbar ist, und doch führt ein gar nicht so schwieriger Wanderweg nach oben! Wie so viele Wege auf der Insel war auch der Camino del Risco einst eine wichtige Verbindung zwischen zwei Siedlungen: Er verband den winzigen Weiler Teno Alto auf der Höhe des Teno-Gebirges mit dem größeren Ort Buenavista unten an der Küste. Sogar die Toten mussten lange Zeit hier hinunter getragen werden, weil es oben keinen Friedhof gab.

Der Weg führt von der Küstenstraße aus zunächst ein Stück den Barranco de la Torre hinauf und überwindet dann kunstvoll mit zahllosen Serpentinen auf kurze Distanz einen Höhenunterschied von 450 Metern. Es geht um Felsnasen herum und an Höhlen vorbei, immer wieder sieht man neue Details in der Felswildnis, während sich langsam eine großartige Aussicht auf die Nordküste um Buenavista aufbaut. Der Camino del Risco ist eines der

*Der Weg durchquert eine wilde Felslandschaft.*

eindrucksvollsten Beispiele für die Kunst der Wegbauer auf Teneriffa. Er ist anspruchsvoll, aber niemals wirklich beängstigend oder gar gefährlich – eine schöne Option für sportlich ambitionierte Wanderer, denn natürlich ist der Aufstieg konditionell recht fordernd!

Sobald man die Hochebene erreicht hat, trifft man auf einen merkwürdigen Steinkreis: Es ist ein außergewöhnlich gut erhaltener Tagoror, ein Versammlungsplatz der Guanchen. An solchen Plätzen traten bedeutende Persönlichkeiten zusammen, um wichtige Angelegenheiten zu diskutieren und Beschlüsse zu fassen. Obwohl der Steinkreis also keine kultische Bedeutung hatte, umgibt den einsamen Ort eine mystische Atmosphäre. Die baumlose Hochebene mutet in ihrer Kargheit fast nordisch an. Ein jetzt sehr einfacher Weg führt noch zum steilen Nordhang des Roque del Toscón, von dem aus man eine sehr schöne Aussicht hat. Da alle anderen Abstiegsmöglichkeiten einen großen Umweg bedeuten würden, gehen wir auf demselben Weg zurück.

Eckdaten

| | |
|---|---|
| ***Anspruch Technik:*** | ●●●○○ *mittel* |
| ***Anspruch Kondition:*** | ●●●○○ *mittel* |
| ***Länge:*** | *4,4 km* |
| ***Höhenunterschied:*** | *Auf- und Abstieg jeweils 590 m, Durchschnitt Steigung/Gefälle jeweils 13,4 %* |
| ***Gehzeit:*** | *2:20-3:30 Stunden (ohne Pausen)* |

***Anforderungen:*** *Eine durch den langen, steilen Anstieg anstrengende, technisch aber nur mittelschwere Wanderung. Der Weg ist recht breit und gut instand gehalten, es gibt keine Kletterstellen. Wanderstöcke sind hilfreich beim steilen Abstieg. Bei starker Nässe können die Steine gefährlich rutschig sein.*

***Wegmarkierungen:*** *Der Weg ist ausreichend markiert.*

***Anfahrt mit dem Auto:*** *An der Straße von Buenavista del Norte Richtung Punta de Teno kündigen kurz nach dem Ort große Schilder eine Straßensperrung an, alle paar Meter in einer anderen Sprache. Beim letzten Schild, dem spanischen, befindet sich links ein großer Wassertank aus Beton. Direkt davor kann man parken (w17-01).*

***Anfahrt mit dem Bus:*** *Keine Verbindung zum Ausgangspunkt. Die nächste Haltestelle befindet sich in Buenavista.*

*Wegbeschreibung*

Der Weg führt links am Wassertank vorbei zu einem zweiten, dann unter einer Rohrbrücke hindurch und am Grund eines trockenen Bachbetts aufwärts. Nach 450 Metern verlässt der Weg das Bachbett nach rechts (w17-02) und steigt kurz danach in zahlreichen Serpentinen den Steilhang hinauf. Schließlich erreichen wir eine Hochebene, auf der sich der Steinkreis des Tagorors befindet (w17-03). Vom Tagoror aus geht es nach rechts auf einem schmalen, undeutlichen Pfad, der mit einem weiß-gelben Kreuz markiert ist, Richtung Meer. Der Pfad führt über die Ebene bis zum Steilhang des Roque del Toscón (w17-04). Zurück auf dem selben Weg.

*Auf der Hochebene befindet sich der besterhaltene Tagoror Teneriffas.*

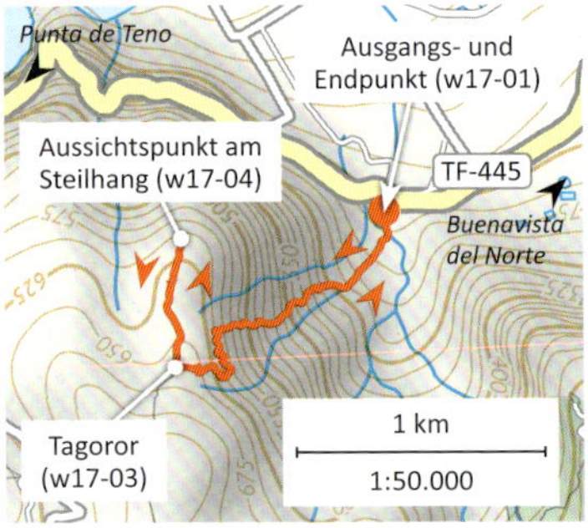


| | | | |
|---|---|---|---|
| w17-01: | 28,36105 | -16,87092 | GPS |
| w17-02: | 28,35772 | -16,87255 | |
| w17-03: | 28,35492 | -16,87917 | |
| w17-04: | 28,35968 | -16,87915 | |

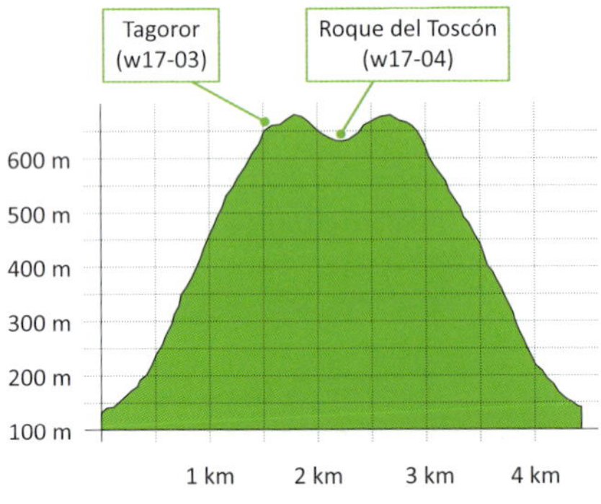

*Der Risco-Steig ist ein eindrucksvolles Beispiel für die Kunst der Wegbauer.*

## *Tipp:* Wanderkarten und GPS

Die in diesem Buch abgebildeten Kartenausschnitte können eine vollständige Karte der gesamten Insel nicht ersetzen. Als Straßenkarte und zur allgemeinen Übersicht hat sich die Marco-Polo-Karte im Maßstab 1:150.000 bewährt:

***Marco Polo: Kanarische Inseln***
*ISBN 978-3829737852*

Als topografische Wanderkarte ist derzeit die Ausgabe des Kompass-Verlags im Maßstab 1:50.000 konkurrenzlos:

***Kompass Wanderkarte: Teneriffa*** *(WK 233)*
*ISBN 978-3854910381*

Nicht alle Wanderwege auf Teneriffa sind so gut markiert, wie man es sich wünscht. Ein **GPS-Gerät** (z.B. von Garmin) oder auch ein Smartphone mit digitaler Karte vereinfacht die Orientierung erheblich – mit etwas Übung ist damit ein Verlaufen auch bei komplizierten Touren fast ausgeschlossen.

Unsere Empfehlung für digitale Kartendaten ist die **Open MTB Map**, von der es auch eine Ausgabe für die Kanaren gibt. Eigentlich fürs Mountainbiking gedacht, ist diese Karte auch zum Wandern perfekt und an Vollständigkeit und Genauigkeit allen anderen derzeit verfügbaren Produkten (inklusive der Digitalkarten von Garmin) weit überlegen. Darüber hinaus sind Download und Verwendung kostenlos, es wird um eine Spende gebeten:

*www.openmtbmap.com*

Die Wegpunkte der Wanderungen sind in diesem Buch im Format Grad/Dezimalgrad angegeben. **Datenpakete** mit Wegpunkten und Tracks können in verschiedenen Dateiformaten kostenlos heruntergeladen werden:

*www.maremonto.com/gps/teneriffa.zip*

# Register